S. Thiele

DAS JUNGE PFERD

A. C. Leighton Hardman

DAS JUNGE PFERD

Ein Ratgeber aus der Praxis

im Umgang

mit Fohlen, Jährlingen und Zweijährigen

A. C. Leighton Hardman

Deutsche Bearbeitung: Dr. Jens Frhr. v. Lepel

L. B. AHNERT-VERLAG · FRIEDBERG 3

First published in Great Britain by Pelham Books Ltd
52 Bedford Square, London WC1B 3EF 1976

Druck: Buchdruckerei Haus, Hanau
Übersetzung aus dem Englischen: Sigrid Eicher, 8000 München
Einband: Buchbinderei Gebhardt, 8800 Ansbach
Composersatz: Lisa Rullmann, 6350 Bad Nauheim
Deutsche Ausgabe im L. B. Ahnert-Verlag, 6360 Friedberg-3
ISBN 3-921142-18-0

INHALT

DAS JUNGE PFERD

Folgenden Persönlichkeiten bin ich zu großem Dank verpflichtet: Sidney Ricketts M.R.C.V.S. für die wertvolle Hilfe, die er mir dadurch leistete, daß er mein Buch las, korrigierte und größere Abschnitte auf den neuesten Stand brachte; David M. FitzGerald für seine Beratung bei den gesetzlichen Aspekten, die beim Pferdeverkauf zu beachten sind.
John Hancock von der Versicherung "Bloodstock and General Insurance" danke ich für seine Überarbeitung von Kapitel 16; Peter Bolton für seinen Rat bezüglich der neuesten landwirtschaftlichen Forschungen und Erkenntnisse und Johanna Vardon von der National Foaling Bank für ihre Ratschläge bezüglich der Aufzucht verwaister Fohlen.
Alle Ratschläge und Hinweise waren mir wertvoll und eine große Hilfe.

Newmarket
im Januar 1977

A. C. Leighton Hardman

EIN WORT ZUVOR

von Alan Lillingston

Mit der Bitte, das Vorwort zu ihrem Buch zu schreiben, hat mir die Autorin ein größeres Kompliment gemacht, als ihr vielleicht selbst bewußt ist.
Ich bin der festen Überzeugung, daß dieses Buch eine große Zukunft hat, und unter den Sachbüchern über Pferdezucht eine führende Stellung einnehmen wird.
Nicht nur der Neuling wird sich von diesem Buch angesprochen fühlen, weil es klar und präzise die Grundsätze der Pferdezucht darlegt, sondern auch der Fachmann wird dankbar die große Fülle der Informationen anerkennen, die auf viel praktischer Erfahrung und intensivem Studium beruhen.
Allgemein gesprochen ist eine Qualitätszucht nur dann erfolgreich möglich, wenn die Elternteile sorgfältig ausgewählt werden und die Aufzucht der Jungtiere mit der größten Gewissenhaftigkeit auch im kleinsten Detail erfolgt. Die Autorin hat im Schauring und als Richterin selbst soviel Erfahrung gesammelt, daß sie als Experte für Exterieurbeurteilung gelten darf. Und die Art, wie ihre eigenen Pferde für den Verkauf vorbereitet werden, ist mir Beweis genug, daß sie eine Meisterin dieser Kunst ist.
Wir leben in einer wirtschaftlichen Krisensituation, die in der Pferdezucht noch durch eine enorme Überproduktion verschärft wird. Nur die tüchtigsten der Züchter, die ihren Betrieb nach wirklich kommerziellen Gesichtspunkten betreiben, haben heutzutage eine Überlebens-Chance. In diesem Buch werden viele geschäftliche Tips bis in die kleinsten Einzelheiten erklärt. Es ist daher für jeden Züchter, der sich die Mühe macht, es aufmerksam zu lesen und es, wenn nötig, immer wieder als Nachschlagewerk benutzt, von größtem Wert.

ANMERKUNGEN ZUM AUFBAU UND DER LEITUNG EINES GESTÜTES

Viele Menschen, die auf ein paar Tausend Quadratmeter Weiden Pferde züchten, träumen bald von einem eigenen Gestüt. Nur für wenige jedoch erfüllt sich dieser Traum, diese aber sollten wesentliche Faktoren bedenken.

Eine Voraussetzung, von der Erfolg oder Mißerfolg eines Gestütes oder einer Pferdeaufzucht wesentlich abhängen, ist die Lage des Gestüts. Da Bodentyp, Klima und Gegend unabänderlich sind, sollte man diese Faktoren durchdenken, bevor man daran geht, ein eigenes Gestüt aufzubauen.

Im Interesse eines problemlosen Verkaufs der späteren Produkte sollte das Gestüt in oder zumindest in der Nähe von größeren Pferdezuchtgebieten liegen. Ist das nicht möglich, darf es wenigstens nicht allzuweit zur Autobahn oder zu einer größeren Straße sein. Es ist eine bekannte Tatsache, daß private Käufer nur ungern weitere Fahrten auf sich nehmen, wenn sie alles, was sie wollen, im nahen Umkreis eines Zentrums der Pferdezucht finden können.

Wünschenswert ist ein leichter Kreide- oder Sandboden, weil er sich aufgrund seiner Trockenheit nicht so rasch in Morast verwandelt. Außerdem ist dieser Bodentyp meist nicht sehr fruchtbar, reagiert also auch nur in begrenztem Maße auf Düngung, so daß es weniger zu Beinschäden infolge falscher Ernährung kommt. Diese Art von Beinschäden (dicke Gelenke) kann ganz plötzlich auftreten, wenn man Fohlen oder Jährlingen plötzlich proteinhaltigeres Futter verabreicht. Dazu kann es kommen, wenn die Pferde im Frühjahr auf eine Weide kommen, die mit künstlichem Stickstoffdünger kräftig verbessert wurde. Organische Düngemittel werden langsamer freigesetzt als künstliche und treiben das Wachstum weniger an, so daß die Darmflora und der allgemeine Stoffwechsel der Pferde nicht durcheinandergebracht werden. Sie sind jedoch auch weitaus kostspieliger.

Bei der derzeitigen Inflationsrate gewinnt die Frage der Eigenproduktion von Futter für jedes Gestüt zunehmend an Bedeutung. Am billigsten ist immer noch Gras. Selbst wenn dadurch mehr verwaltungstechnische Probleme entstehen, ist es deshalb wünschenswert - und sei es nur vom wirtschaftlichen Standpunkt her -, für ein Gestüt fruchtbaren Boden auszuwählen, vorzugsweise einen kalkreichen Boden in mildem Klima mit vergleichsweise häufigem Regenfall. In Gebieten mit wenig Regen kommt es im Sommer oft zu wochenlangen Dürreperioden, das Weidegras verbrennt, und es muß Heu gefüttert werden. Gleichzeitig wird der Boden meist hart wie Zement, was den Beinen junger Pferde gar nicht bekommt, weshalb man sie in einen mit Stroh aufgeschütteten Hof oder in Boxen bringen oder eine Koppel mit der Scheibenegge so bearbeiten muß, daß ein provisorischer Auslauf entsteht, bis der Boden wieder weicher wird. In Gebieten, in denen es viel regnet, kommt das selten vor, und das Gras bleibt das ganze Jahr über grün.
Pferdekoppeln, besonders die für Jungpferde, müssen so flach und eben wie möglich sein, um Verletzungen zu vermeiden. Gegen einen Zaun hin abfallendes Gelände ist sehr gefährlich, weil abwärts galoppierende Pferde bei rutschigem Boden möglicherweise nicht mehr rechtzeitig bremsen können.
Größe und Lage der Koppeln hängen weitgehend davon ab, wie das Gestüt geführt werden soll. Kleine Koppeln von höchstens 2 - 3 ha sind wirtschaftlicher als große, was mit den selektiven Freßgewohnheiten des Pferdes und dem Problem zusammenhängt, die Pferde einzeln einfangen zu müssen. Bei kleineren Koppeln braucht eine Koppel nie länger als einen Monat belegt zu sein, wodurch die Koppeln weniger schnell "pferdemüde" werden, wie es bei längeren Aufenthalten vorkommt. Bei diesem System können die Koppeln jeweils anschließend von Rindern genutzt werden, so daß die Weiden immer sauber und gleichmäßig abgegrast sind. Die Verwendung verschiedener Tierarten reduziert auch das Risiko von Krankheiten und Unwirtschaftlichkeit, die sonst die Folge einer ständigen hohen Konzentra-

tion einer einzigen Tierart in einem bestimmten Gebiet sind. Dasselbe gilt auch für den Boden und die Gebäude. Allerdings sollte man auf Koppeln für Jungpferde nur relativ ausgewachsene Rinder grasen lassen. Kälber und Jungstiere benötigen ebenfalls Mineralstoffe aus dem Boden, die damit den Pferden verlorengehen.

Wo irgend möglich sollten Bäume und Hecken bei der Einteilung der Koppeln erhalten bleiben. Solche Schutzgürtel sind sehr wichtig und brauchen lange, wenn sie extra angepflanzt werden müssen. Sowohl Gras als auch grasende Tiere gedeihen besser, wenn genügend Windschutz vorhanden ist. Auf offenen, ungeschützten Koppeln wächst kein wohlgeratenes Vieh heran, und das Gras wächst zu langsam. Wenn dieser Schutz fehlt, sollten verschiedene schnellwüchsige und ungiftige Bäume und Sträucher angepflanzt werden, und zwar so weit außerhalb des Zaunes, daß auch das größte Pferd sie nicht erreichen kann. Blutbuchen geben eine sehr gute Hecke ab, weil sie sowohl im Sommer als auch im Winter Schutz geben. Sie sehen hübsch aus und sind nicht giftig, dafür aber ziemlich teuer. Ideal sind Koppeln mit Hecken auf allen vier Seiten, wenigstens gegen Nord- und Ostwind sollten sie aber auf jeden Fall geschützt sein. An besonders exponierten Stellen sollte der Zaun aus engstehenden Latten bestehen, bis die Bäume groß genug geworden sind.

Da nasser Boden von Pferden sehr aufgewühlt und zertrampelt wird, ist für eine gute Dränage Sorge zu tragen. Vom Standpunkt der Sicherheit her ist es besser, statt offener Gräben Abzugsröhren zu verwenden und diese gut mit Erde aufzufüllen. Besonders auf Fohlenkoppeln werden dadurch viele Unfälle vermieden. Zumindest sollten Gräben und Teiche sehr gut umzäunt sein, wenigstens mit drei, besser noch mit vier Stangen, denn Fohlen klettern oft durch Zäune mit nur zwei Stangen oder rollen sich darunter durch. Junge Pferde sind nur hinter Koppelzäunen aus Pfosten und Stangen oder viehsicheren Hecken gefahrlos untergebracht. Wenn sich die Verwendung von Draht aus irgendeinem Grund nicht umgehen läßt, muß er ganz fest gespannt sein - loser oder durchhängender Draht ist äußerst gefährlich. Doppelte Koppelzäune verhindern, daß sich die Pferde dagegenlehnen, um an ihre Nachbarn heranzukommen. Alle Ecken sollten abgeflacht sein, damit sich kein Tier jemals in die

Enge getrieben fühlen kann. Es erspart eine Menge Arbeit, wenn alle Koppeln an die Wasserleitung angeschlossen sind. Die Tröge sollten sich automatisch füllen lassen und am Boden einen Abzug besitzen, damit man sie regelmäßig saubermachen kann. Es empfiehlt sich, die Wassertröge weit entfernt von den Eingängen aufzustellen, damit bei feuchtem Wetter keine Schlammteiche entstehen. Soweit möglich, sollten sie sich nicht unter Bäumen befinden, damit - besonders im Herbst - keine Blätter hineinfallen können. Gleichzeitig müssen Sie aber doch geschützt liegen.

Den besten Ertrag gibt Weideland, wenn der Boden in gutem Zustand und richtig dräniert ist. Das heißt, daß kein Mangel an Kalk, Phosphaten, Kali oder Stickstoff bestehen darf. Zuviel Kalk hat jedoch einen Abfall an anderen Mineralstoffen, z. B. Phosphor, zur Folge, und das wiederum führt zu Mangelerscheinungen im Knochenaufbau.

Sowohl der Kalk als auch die Phosphate, Kali und Stickstoff werden im Laufe der Zeit in verschiedenem Maße aus der obersten Bodenschicht herausgewaschen. Das erfordert regelmäßige Bodenanalysen - etwa alle drei bis fünf Jahre - und entsprechenden Ausgleich etwaiger festgestellter Mängel. Normalerweise werden viele Nährstoffe durch die Weidetiere selbst wieder ersetzt, aber wenn der Dung regelmäßig von der Koppel entfernt wird, kann doch einmal zuwenig von dem einen oder anderen Nährstoff vorhanden sein. Phosphatmangel z. B. kann zu weichen Knochen führen, die wiederum Überbeine und anderes mehr zur Folge haben können. Phosphate sind für eine gute Wurzelbildung der Pflanzen unumgänglich und begünstigen daher das Wachstum von Klee, wovon dann der Stickstoffgehalt profitiert. Kali ist für die Gesundheit der Pflanzen wichtig. Stickstoff wird aus dem Boden viel schneller herausgelaugt als alle anderen eben erwähnten Elemente. Deshalb muß Stickstoff jedes Jahr neu zugeführt werden. Hohe Stickstoffgaben haben üppiges, proteinreiches Gras zur Folge, das für Koppelpferde gänzlich ungeeignet, für eine gute Heuernte jedoch notwendig ist. Wenn die Pferde früh im Jahr genügend Weidegras vorfinden sollen, kann man das Wachstum anregen und doch ein Zuviel weitgehend vermeiden, wenn man nur einen Hauch von Stickstoffdünger verwendet, nicht mehr als 45 - 50 Einheiten Stickstoff. Eine Grünfläche mit gut eingewachsenem Klee produziert etwa 150 Einheiten Stickstoff pro Jahr. Die beste Wirkung erzielt man mit Düngergaben im frühen Frühjahr, wenn das Gras gerade zu wachsen begonnen hat. Dann werden sie maximal genutzt, während ein gewisser Prozentsatz der Düngemittel aus der Oberfläche herausgewaschen wird, bevor die Pflanzen sie aufnehmen können, wenn man die Düngung in einer Zeit des langsamen Wachstums vornimmt.

Ideal ist eine Gabe von 80 - 100 dz normalem Stallmist auf 1 ha in jedem Herbst. Hühnermist ist wegen seines zu hohen Stickstoffgehaltes nicht geeignet. Stallmist enthält außer Kalk alle Nährstoffe, die zur optimalen Gesunderhaltung von Pferdeweiden erforderlich sind. Im Frühjahr werden die Weiden geeggt, am besten mit einem sogenannten Striegel oder einer Strauchegge, wobei abgestorbenes Gras herausgerissen und etwaiger verbliebener Dung verteilt wird. Nach dem Eggen werden die Koppeln mit schweren Rasenwalzen gewalzt - der Cambridge-Typ ist für die meisten Weideflächen zu leicht. Zwischen zwei Besetzungen mit Pferden wird, sofern der Boden nicht zu feucht ist, jede Koppel den ganzen Frühling, Sommer und Herbst über gemäht, mit der Gliederegge durchgezogen und gewalzt. Besonders beim Eggen und Walzen wird die größte Wirkung dadurch erzielt, wenn man langsam vorgeht. Wo keine gemischte Besetzung mit Rindern praktiziert wird, ist das Mähen wichtig zur Erhaltung eines gleichmäßigen Wachstums und des höchsten Nahrwerts und Geschmacks.

Bei der Auswahl von Weidegräsern für Pferdekoppeln ist folgendes zu beachten:
Pferde sind sehr wählerisch in ihrer Futteraufnahme. Der Geschmack ist deshalb sehr wichtig, was bei der Auswahl der Grassorten für die Pferdekoppeln unbedingt berücksichtigt werden muß. Solange es jung ist, schmeckt fast jedes Gras gut, aber manche Sorten schmecken weniger gut, wenn sie älter werden. Sorten mit Blättern besitzen einen höheren Proteingehalt und weniger Roh-Faser, sind daher leichter verdaulich. Knaulgras ist - außer wenn es sehr jung ist - zu rauh, es wird von den Pferden meist abgelehnt. Es hängt vom Bodentyp und den örtlichen kli-

matischen Bedingungen ab, welche Sorten in welchen Mengen miteinander gemischt werden. Im Zweifelsfall kann man sich von der zuständigen landwirtschaftlichen Informationsstelle beraten lassen.
Pferde haben die Angewohnheit, das Gras dicht über dem Boden abzubeißen. Deshalb sollte der Kleeanteil in der Gräsermischung nicht zu hoch sein, weil Klee bei starker Belastung unter Umständen auf Kosten der Gräser wuchert, so daß der Gesamtgrasertrag pro Hektar zurückgeht. Ideal ist für Pferde eine Mischung verschiedener Grassorten mit Kräutern und Klee. Damit es nicht zu schnell zertrampelt wird, muß das Gras auf Pferdekoppeln eine gute Bestockungsfähigkeit aufweisen, das heißt, es muß aus der Wurzel neue Triebe hervorbringen und sich dicht am Boden ausbreiten können. Grasarten, die sich nach der Beweidung schnell erholen, sind ebenfalls zu empfehlen.

Wenn irgendmöglich, sollten neu angesäte Koppeln im ersten Jahr überhaupt nicht beweidet werden, höchstens bei hartem Boden. Manchmal läßt man neue Koppeln erst von Schafen abweiden, aber das Problem ist, daß man sie dann mit Maschendraht einzäunen muß. Man kann auch einmal Heu ernten, aber als regelmäßige Maßnahme ist das nicht zu empfehlen, weil die Bestockungsfähigkeit des Grases darunter leidet. Heutzutage empfiehlt es sich jedoch, eine gewisse Fläche speziell für die Gewinnung von Heu vorzusehen und diese Weiden mit guten Sorten Raygras und Klee einzusäen. Sie sind einjährig und müssen jedes Jahr neu gesät werden. Bei entsprechenden Trocknungsmöglichkeiten oder klimatischen und Bodenbedingungen ist Luzerne eine ausgezeichnete Alternative. Sie ist fünfjährig, sollte wegen ihres hohen Proteingehaltes aber an ausgewachsene Pferde nur gemischt mit Wiesenheu verfüttert werden. Diese Heumischungen sind für Pferde am besten geeignet.

Mit etwas Glück sind zwei Heuernten im Jahr möglich, wobei der zweite Schnitt mengenmäßig etwa 2/3 des ersten ergibt. Diese zweite Ernte könnte dann verkauft oder an die Rinder verfüttert werden. Wenn es die Fläche erlaubt, wäre ein Gestüt auch gut bedient, wenn es seinen eigenen Hafer anbauen könnte. Ein Hektar erbringt etwa einen Ertrag von 40 dz und gleich-

zeitig etwa 60 dz Stroh, das man zugunsten von gutem Weizenstroh verkaufen oder an die Rinder verfüttern könnte.
Doch zurück zur Weide. Holztore sind wahrscheinlich sicherer als Metalltore, da sie eher nachgeben, falls ein Pferd mit einem Bein zwischen die Balken gerät. Werden Metalltore benutzt, sollten die Stangen vertikal verlaufen und soviel Zwischenraum haben, daß ein Pferd seinen Fuß problemlos zurückziehen kann, wenn es aus Versehen dazwischengerät. Drahtgitter lassen sich zur Erhöhung der Sicherheit sowohl an Metall- als auch an Holztoren anbringen, und Holztore halten länger, wenn sie an allen zugänglichen Kanten mit Metallbändern versehen sind, damit die Pferde sie nicht benagen können. Das Metall muß jedoch jeweils in kurzen Stücken aufgebracht werden, damit es bei einem Unfall "brechen" kann. Auf einem Gestüt müssen sich alle Tore leicht öffnen und schließen lassen. In Angeln bewegliche Koppelgatter sind ideal. Zur besseren Absicherung bringt man noch eine Kette an, die mit einer großen Öse und einem Stift geschlossen wird. Der Stift wird ebenfalls an eine kurze Kette angehängt, damit er nicht verlorengehen kann.

Am besten legt man die Tore so, daß man von dort unmittelbar auf einen befestigten Weg gelangt. Die nähere Umgebung innerhalb der Koppel muß sehr gut entwässert sein, damit der Boden nicht allzu morastig wird. In Koppelecken sollte man keine Tore anlegen, weil Pferde sich gern am Tor zusammendrängen, wenn es Zeit zum Hereinholen ist. Bei etwaigen Schlägereien muß genügend Platz zum Ausweichen vorhanden sein.
Bei der Planung des Gestüts und der Gebäude ist auch folgendes zu beachten:

1. Die Zeitspanne, die ein bestimmtes Gebäude halten soll. Bei der heutigen Inflationsrate zahlt es sich aus, beim Bauen auch an die Zukunft zu denken. In dieser Hinsicht sind Beton und Ziegel dem Holz vorzuziehen. Die scheunenähnlichen amerikanischen Holzgebäude mit freitragendem Dach, unter denen 4 Reihen Boxen Platz haben, kommen im Bau aber erheblich billiger, obwohl ausreichende Belüftung und Feuerschutzmaßnahmen bei der Planung nicht vergessen werden dürfen.

2. Die Unterhaltskosten, unterteilt in Arbeitsanfall und Material. Geringe Unterhaltskosten sind ein wesentlicher Gesichtspunkt. Gebäude mit hohen Wartungskosten können mit 25 % oder mehr der gesamten laufenden Kosten des Gestüts zu Buche schlagen.

3. Der Arbeitsanfall der einzelnen Einheiten. Er sollte so klein wie möglich gehalten werden. In Zukunft muß zur Verringerung der Produktionskosten die Mechanisierung ein wichtiger Gesichtspunkt werden, und die Verwaltung muß sich die Zeit nehmen, auszurechnen, wie Arbeitszeit eingespart und vorhandene Maschinen besser ausgenutzt werden können. So müssen die Gebäude genügend Abstand voneinander haben, um einen Traktor mit seinen Gerätschaften passieren zu lassen. An den Ecken muß Platz genug zum Wenden sein. Man kann z. B. beim Ausmisten Zeit und Personal sparen, wenn der aus den Boxen ausgeräumte Mist von einem mit einer Art Kehrmaschine ausgerüsteten Traktor zu einer zentralen Grube befördert wird. Mistgruben sollten mit doppelt verstrebten Wänden versehen sein, die nicht einfallen, wenn einmal ein Traktor dagegenstößt. Nicht zu vergessen sind die Arten von Matratzenstreu, die das täglich Ausmisten und die damit anfallende beträchtliche Arbeit überflüssig machen.

Soweit möglich, sollten die Pferde in verschiedenen Gruppen - Zuchtstuten, Absatzfohlen, Jährlinge - in voneinander getrennten Gebäuden untergebracht sein. Dadurch können sich auch Krankheiten weniger leicht ausbreiten, und sie sind leichter zu bekämpfen. Wenn die einzelnen Gebäude groß genug sind, ist es ein guter Gedanke, einer bestimmten Person die Leitung dieses Gebäudes in eigener Verantwortung zu übertragen. Diese Verwaltungsmethode fördert beim Personal den Stolz auf die eigene Leistung, was sonst, wenn das Personal unterschiedslos im ganzen Betrieb eingesetzt wird, oft abgeht. Der Verantwortliche eines Gebäudes sollte dann auch zu Rate gezogen werden, wenn es um die Frage einer Veränderung oder Erweiterung dieses Gebäudes geht.

Ein Gestüt kann man auf zwei Arten planen:

1. Man kann einzelne Boxeneinheiten schaffen und mit soviel Land kombinieren, daß sich diese Einheiten wirtschaftlich tragen. Sie können in einiger Entfernung voneinander liegen und sollten so berechnet sein, daß etwa 0,4 ha auf ein Pferd kommt.

2. Man kann auch alle Einheiten in einem Komplex zusammenfassen, mit zentraler Vorratslagerung, offener Scheune, Laufhof und Dunggrube.
   Von den Gebäuden her am wirtschaftlichsten ist natürlich die zweite Lösung. Bei der ersten Methode braucht man jedoch weniger Zeit, um die Pferde auf die Koppeln zu bringen. In jedem Fall muß in einiger Entfernung von den anderen Gebäuden eine Isolierstation erstellt werden. Für kleinere Gestüte genügen ein oder zwei Boxen mit anschließendem Auslauf, aber jedes Gestüt muß über irgendeinen Ort verfügen, wo man kranke Pferde oder solche, die vom Ausland kommen oder möglicherweise mit irgendwelchen Krankheiten in Berührung gekommen sind, isolieren kann.

Speziell für junge Pferde angelegte Lauf-Boxen müssen so beschaffen sein, daß sie nicht die Entwicklung von Stalluntugenden herausfordern. Für eine gesunde Aufzucht ist es unbedingt erforderlich, daß die Stallungen trocken und kalt sind. Der Temperaturunterschied zwischen draußen und drinnen sollte so gering wie möglich gehalten werden.
Allerdings ist etwas mehr Wärme ein wichtiger Faktor bei der Vorbereitung von Fohlen oder Jährlingen für den Verkauf. In Großbritannien z. B. sind die großen Jährlingsauktionen im September und Oktober, so daß das Sommerfell so lange erhalten werden muß. Die Boxen müssen daher in geschützter Lage errichtet werden, mit der Rückseite nach Nordosten und voll ausgekleidet und isoliert.

Die schlimmste Stalluntugend von allen, die es unter allen Umständen zu verhindern gilt, ist das Koppen. Dazu muß das Pferd die Zähne auf irgendeinen Vorsprung aufsetzen können, weshalb glatte, zementverputzte Wände die ideale Vorbeugung sind.

Junge Pferde sollten aus ihren Boxen herausschauen können; die oberen Türen sollten, wenn irgendmöglich, zur besseren Belüftung und gegen Langeweile geöffnet sein. Die Aussicht sollte abwechslungsreich sein, aber nicht aufregend. Pferde langweilen sich sehr schnell, wenn sie aus ihren Boxen nur auf eine vollständig kahle Wand starren.

DIE HALTUNG DES JUNGEN FOHLENS

Da Pension und Abfohlkosten in den Hengst-Gestüten immer teurer werden, lassen immer mehr Züchter ihre Stuten zu Hause abfohlen und bringen sie nur zum Decken zum Hengst. Wo tierärztliche Hilfe schnell zu erreichen ist, und der Züchter über die entsprechenden Gegebenheiten verfügt, ist dagegen auch nichts einzuwenden. Ist dies aber nicht der Fall, sollte der Züchter das Für und Wider sorgfältig gegeneinander abwägen. Wenn er selbst nicht über die entsprechende Möglichkeit verfügt, setzt er den Wert des ungeborenen Fohlens und der Stute gegen die Extrakosten aufs Spiel, die ihn das Abfohlen der Stute in einem anderen Gestüt kosten würde, wo man über sämtliche Hilfsmittel und Einrichtungen verfügt.

Steht das Abfohlen kurz bevor, empfiehlt sich eine Nachtwache, und zwar vor dem Abfohlen und in der ersten Nacht danach, damit etwaige Komplikationen, wie eine schwierige Geburtslage, Blutungen der Stute oder Darmpechverhaltung des Fohlens, rechtzeitig erkannt werden.
Gleich nach der Geburt muß das Fohlen lernen, sich in seinem neuen Leben und seiner neuen Umgebung zurechtzufinden. Normale, gesunde Fohlen haben damit kaum Schwierigkeiten, ein krankes Fohlen aber kann vielleicht nur mit tierärztlicher Hilfe überleben. Das Fohlen muß angefangen haben zu atmen, bevor die Nabelschnur abgetrennt wird. Wird sie zu früh durchtrennt, geht dem Fohlen eine beträchtliche Menge Blut verloren, was zu Anämie führen kann. Normalerweise reißt die Nabelschnur von selbst einige Zentimeter vom Nabel entfernt, wenn Fohlen oder Stute sich erheben.

Man kann, sobald keine Pulsationen mehr spürbar sind, die Nabelschnur dadurch zum Reißen bringen, daß man das Fohlen zum Kopf der Mutterstute zieht. Diese Methode ist dem Durchschneiden vorzuziehen, weil dadurch, daß die Blutgefäße erst gedehnt werden und sich dann wieder zusammenziehen, ein natürlicherer Verschluß zustande kommt, was die Infektionsgefahr verringert. Sollte das Ende doch noch nachbluten, kann man die Blutung meist schnell zum Stillstand bringen, indem man das Ende kurze Zeit zwischen zwei Fingern zusammenpreßt. Sorgfältige Nabeldesinfektion verhindert Infektionen.

In vielen Gestüten wird die Temperatur der Abfohlbox mittels eines Wärmestrahlers erhöht. Viele Experten dagegen sind der Meinung, daß man ein Fohlen gar nicht früh genug abhärten kann. Sie setzen künstliche Wärme nur bei kranken Fohlen oder extrem kalter Witterung ein. Auf jeden Fall sollten Wärmestrahler in jeder Abfohlbox für den Notfall verfügbar sein. Vom Standpunkt der Überwachung ist es besser, die Stuten zum Abfohlen in die Box zu bringen, besonders bei kalter und feuchter Witterung. Ein vehementer Unterschied zwischen der Temperatur im Mutterleib und der Außentemperatur kann leicht eine Lungenentzündung zur Folge haben, zumal der Fohlenpelz zu diesem Zeitpunkt noch kein Fett enthält.

Läßt man eine Stute im Sommer im Freien abfohlen, muß die Koppel entsprechend gesichert werden. Die Koppelstangen müssen so tief ansetzen, daß auch ein neugeborenes Fohlen nicht darunterrutschen kann. Es dürfen keine Wasserläufe, offene Gräben oder Teiche vorhanden sein, in die ein Fohlen fallen könnte. Bei dem Versuch, zum ersten Mal auf die Beine zu kommen, können Fohlen ein ganzes Stück die Koppel entlang stolpern und dabei sehr leicht unter den Zaun geraten, oder in einen Graben fallen. Bei solchen unbeobachteten Geburten besteht außerdem die Gefahr, daß die Stute selbst in Schwierigkeiten gerät oder ihr eigenes Fohlen verletzt. Auch eine fremde Stute könnte das Fohlen verletzen, bevor noch die Mutter wieder auf die Füße gekommen ist und ihren Nachwuchs beschützen kann.

Extreme Witterungsverhältnisse im Frühjahr und Frühsommer können zu einem weiteren Problem werden.

Sobald der Geburtsvorgang beendet und die Nabelschnur gerissen ist, so daß die Stute ihr Fohlen erreichen kann, wird sie es normalerweise ablecken. Dabei lernt sie ihr Fohlen am Geschmack und Geruch der an ihm haftenden Flüssigkeit kennen. Man kann insofern helfen, als man das Fohlen mit einem sauberen, trockenen Fensterleder abreibt, das zuvor in warmem Wasser ausgewrungen wurde, oder mit einem trockenen, sauberen Handtuch. Auf jeden Fall ist es wichtig, daß dem Tuch kein starker Geruch nach anderen Pferden anhaftet, da dies die Mutterstute nur verwirren würde.

Vor seiner Geburt lebt das Fohlen unter relativ sterilen Bedingungen, aber mit der Geburt kommt es plötzlich mit allen Keimen seiner näheren Umgebung in Berührung. Um überleben zu können, muß es so schnell wie möglich gegen diese Umweltskeime immun werden. Im Gegensatz zu Menschenkindern bringt das Fohlen keinerlei Abwehrkräfte gegen Krankheiten aus dem Mutterleib mit, sondern muß sich diese Immunität in den ersten 24 Stunden nach der Geburt erst aus der Kolostralmilch aufbauen. Der Gehalt an Antikörpern gegen Tetanus (Starrkrampf) in der Kolostralmilch läßt sich durch spezielle Maßnahmen erhöhen. Starrkrampf kann in jedem Alter tödlich sein. Ist die Stute nicht gegen Tetanus geimpft, muß dem Fohlen bald nach der Geburt und dann wieder im Alter von einem Monat ein Antiserum verabreicht werden.

Wenn Fohlen bald nach der Geburt, manchmal im Alter von sechs Tagen, verladen werden und sogar öffentliche Transportmittel benutzen müssen, sind sie besonders infektionsgefährdet. Ein Schutz durch Injektionen mit Antibiotika ist daher in den ersten drei Lebenstagen eine gute Sicherheitsmaßnahme. Wenn ein Fohlen erst einmal ernsthafte Krankheitssymptome zeigt, kann der Schaden schon recht groß sein, weil ein Fohlen im Vergleich zu älteren Pferden über sehr wenig Abwehrkräfte verfügt. Vorbeugen ist daher stets besser als Heilen.

Bei besonders wertvollen Fohlen und wenn die Zeit es erlaubt, empfiehlt es sich auch, jeden Morgen Temperatur zu messen, bevor die Fohlen auf die Weide kommen. Dadurch wird auch ein geringfügiger Temperaturanstieg gleich bemerkt, und die Behandlung kann einsetzen, bevor sich eine ernsthafte Infektion festsetzen kann.

Die Kolostralmilch enthält in hohem Maße Antikörper-Substanzen, die sonst im Blut vorhanden sind und Krankheitserreger töten. Das Fohlen kann diese Antikörper aber nur 24 Stunden lang durch den Dünndarm aufnehmen. Später kann eine Immunisierung nur noch künstlich, durch Injektionen, oder über eine gewisse Zeitspanne durch natürliche Entwicklung erfolgen. Wenn bei einer Stute die Milch schon vor dem Abfohlen läuft, enthält die Kolostralmilch wahrscheinlich nicht mehr genügend Antikörper, so daß man anderweitig für Ersatz sorgen muß. Es ist eine weise Vorsichtsmaßnahme, von jeder Stute, die nicht schon vor der Zeit Milch verloren hat, nach dem Abfohlen eine kleine Menge Kolostralmilch aufzubewahren (außer wenn sie ein hämolytisches Fohlen zur Welt gebracht hat). Züchter mit nur einer eigenen Stute können sich mit befreundeten Züchtern zusammen eine Kolostralmilchbank aufbauen; man kann nie wissen, wann man sie einmal dringend braucht.
Tiefgekühlt hält sich die Kolostralmilch mindestens von einer Saison bis zur nächsten, so daß man im Notfall immer darauf zurückgreifen kann. Man füllt die Kolostralmilch in sterile Kunststofflaschen und datiert sie mit einem wasserfesten Filzstift, bevor man sie in den Tiefkühlschrank bei etwa -21° C stellt. Zum Sterilisieren der Flasche verwendet man kochendes Wasser, ein Sterilisiermittel für Säuglingsflaschen oder unterchlorigsaures Salz.

Im Idealfall steht das Fohlen innerhalb von zwei Stunden nach der Geburt auf den Füßen und saugt. In der Praxis ist es ganz verschieden, wie lange ein Fohlen braucht. Die meisten Fohlen zeigen fünf Minuten nach der Geburt schon einen ausgeprägten Saugreflex. Sie versuchen manchmal sogar an den Wänden oder an den Beinen der Mutter zu saugen, bevor sie überhaupt aufstehen können. Aus diesem Grund darf an den Beinen der Stute kein Schmutz haften.

Fohlen versuchen viele Male aufzustehen und fallen viele Male wieder um, bevor es ihnen endlich gelingt, auf die Füße zu kommen. Aktive Perioden wechseln dabei mit Erholungspausen, bis das Fohlen schließlich seine Beine in der Gewalt hat und steht. Der Mensch sollte dabei nur eingreifen, wenn es sich um ein schwächliches Fohlen handelt oder die Stute Schwierigkeiten macht. Die Box muß nur weich genug eingestreut sein, damit sich das Fohlen nicht verletzen kann.

Sobald das Fohlen steht, wird es instinktiv von den dunkleren Stellen unter dem Bauch und zwischen den Beinen der Mutter angezogen. Um den Milchfluß anzuregen, hat es sich besonders bei Maidenstuten bewährt, das Euter mit in handwarmem Wasser ausgedrückter Watte abzureiben. Man kann die Zitzen von Maidenstuten auch mit etwas Vaseline einreiben. Wenn die Stute mithilft, arbeitet sich das Fohlen allmählich zum Euter vor, wobei es mit jeder Minute kräftiger wird und besser sein Gleichgewicht findet. Es kann bis zu einer Stunde dauern, bis es eine Zitze gefunden hat.

Außer bei einem ausgesprochen schwächlichen Fohlen bzw. einer kitzligen Stute ist menschliche Hilfe dabei vollständig überflüssig. Das Fohlen wird nur verschreckt, wenn man seinen Kopf mit Gewalt unter den Bauch der Stute zieht und seine Nase gegen ihr Euter drückt. Dadurch kann das Saugen eher verzögert werden. Manche Stuten gehen immer hinter ihrem Fohlen her. In diesem Fall hält man die Stute besser beim Kopf. Wenn sie nach dem Fohlen zu schlagen versucht, hält man einen Vorderfuß auf oder ergreift ein Stück loses Fell im Nacken, auf keinen Fall aber darf man einer Stute, die gerade abgefohlt hat, eine Nasenbremse anlegen. So kurz nach der Geburt könnte ein Anstieg des Blutdrucks zu Blutungen im Gebärmuttergewebe führen.

Je eher man ein Fohlen daran gewöhnt, sich führen zu lassen, desto einfacher hat man es später. Schon am Tag nach der Geburt kann man dem Fohlen ein Halfter in der kleinsten Fohlengröße anlegen. Es muß allerdings sauber und so weich sein, daß es das zarte Fohlenfell nicht aufscheuert. Da das Fohlen aus dieser Größe nach zwei oder drei Monaten sowieso herauswächst, muß es kein teures Stück sein, eines aber ist wichtig: Halfter sollten immer aus einem Material bestehen, das bei starker Belastung reißt - lieber ein zerrissenes Halfter, als ein gebrochenes Genick. Wenn es draußen warm und schön ist, besteht nicht der geringste Grund, warum die Stute mit ihrem Fohlen nicht am nächsten Tag ein paar Stunden in einer kleinen, geschützten Koppel verbringen sollte. Es kann allerdings gefährlich werden, junge Fohlen frei hinter ihren Müttern her durchs Gestüt laufen zu lassen. Irgendwie muß man sie unter Kontrolle behalten, bis sie sich ruhig an der Hand führen lassen. Sehr junge Fohlen werden am besten von zwei Personen geführt, die einen Sack um seine Hinterhand halten und sich vor der Brust die Hand geben (siehe Abbildung 1). Auf diese Art kann man ein Fohlen absolut sicher führen, wohin man will, während die Stute von einer dritten Person nachgeführt wird.

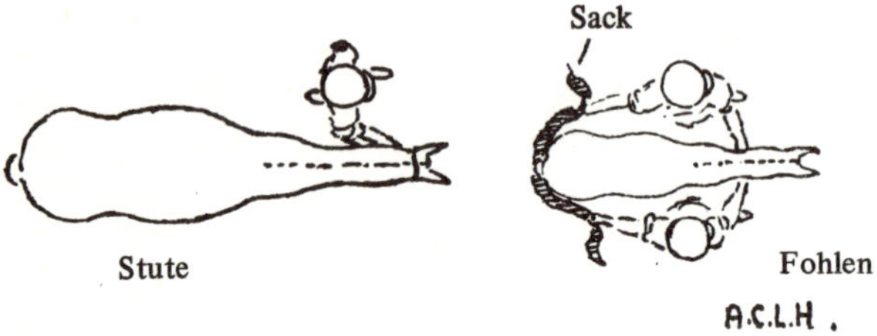

Abbild. 1 So führt man ein junges Fohlen ohne Halfter

Das Fohlen muß so schnell wie möglich lernen, sich am Halfter führen zu lassen. Am besten fängt man damit in der Box an. Das Halfter muß so verpaßt werden, daß das Fohlen nicht mit dem Huf hineintreten kann, es darf aber auch nirgends scheuern. Bei dem schnellen Wachstum der Fohlen überträgt man am besten einer bestimmten Person die Verantwortung dafür, daß der richtige Sitz aller Halfter mindestens einmal die Woche überprüft wird.

Für den Anfang zieht man am besten einen Führzügel durch das Halfter, läßt die Stute von einem Helfer langsam um die Box führen und folgt ihr mit dem Fohlen nach. Wenn das Fohlen zum ersten Mal einen Zug am Halfter spürt, stemmt es sich mit Sicherheit dagegen, steigt oder wirft sich hin. Der Boden muß deshalb weich genug sein. Niemals darf man diesen ersten Versuch auf Asphalt unternehmen.

Damit das Fohlen frei vorwärtstritt, legt man die rechte Hand um sein Hinterteil. Den Schweif herumzuziehen, ist nicht zu empfehlen. Den Zügel hält man in der linken Hand und führt so das Fohlen hinter der Stute her durch die Box (siehe Abbildung 2). Sobald es begriffen hat, um was es geht, legt man die rechte Hand auf den Halsansatz. Dieser Griff hat auf Fohlen eine überraschend beruhigende Wirkung. Junge Fohlen darf man nie herumschubsen oder grob anpacken, sonst werden sie unruhig und nervös.

Um ein liegendes Fohlen zum Aufstehen zu bewegen, streckt man am besten die Vorderbeine und fährt dann mit der Hand

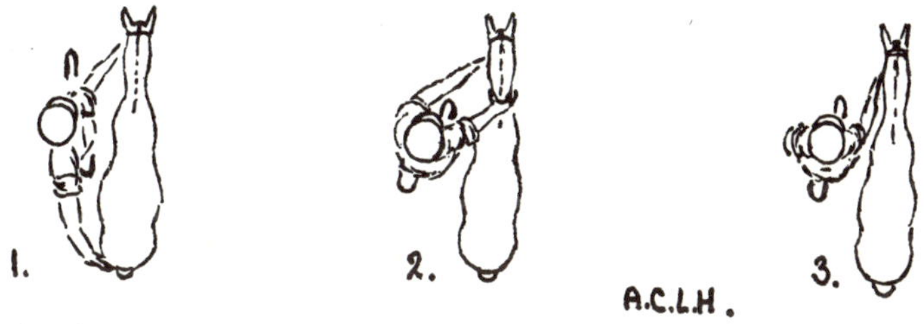

Abbild. 2 In drei Stufen lernt das Fohlen, sich am Halfter führen zu lassen

den Rücken entlang. Meistens springt das Fohlen dann ohne weitere Schwierigkeiten auf. Wenn man ein Fohlen aber doch einmal eigenhändig auf die Füße stellen muß, darf man es nie mit beiden Händen unter dem Bauch packen, weil man es damit verletzen kann. Am besten schiebt man eine Hand unter die Brust und die andere unter das Hinterteil und hebt es hoch. Manchmal hat ein neugeborenes Fohlen Angst sich hinzulegen und bleibt stehen, obwohl ihm fast die Augen zufallen. Man ergreift es wie oben beschrieben, hebt es hoch und legt es vorsichtig mit den Füßen zu sich ins Stroh.

Ein großer, gedeckter Laufhof ist ein großer Vorteil und hat selbst für ein kleines Gestüt seine Berechtigung. Steht ein solcher Laufhof zur Verfügung, können alle Tiere einschließlich der Stuten und jungen Fohlen jeden Tag unabhängig von der

Witterung einige Zeit bewegt werden, und es gibt keine aufgeweichten, zertrampelten Koppeln in einem nassen Winter oder Frühjahr.

Bei günstiger Witterung können Stuten und Fohlen einen Tag nach der Geburt auf eine kleine, gut eingezäunte Koppel gebracht werden. Man führt die Stute zehn Minuten herum, bevor man sie losläßt, damit sich das Fohlen daran gewöhnt, ihr zu folgen. Sobald die Stute anfängt zu grasen (wozu man ihr natürlich den Kopf freigeben muß) und einen ruhigen Eindruck macht, nimmt man den Führzügel ab. Wenn es aber einige Tage naß und kalt war, so daß man sie nicht ins Freie lassen konnte, läßt man die Stute sich auf einer kleinen Koppel allein austoben (außer im Fall einer besonders ruhigen Stute), bevor man sie zusammen mit dem Fohlen losläßt. Stuten, die einige Zeit in der Box bleiben mußten, galoppieren gern auf und davon und schlagen vor Begeisterung aus, wenn sie zum ersten Mal wieder an die Luft kommen. Das kann sehr gefährlich werden. Es ist schon vorgekommen, daß die Stute dabei ihr Fohlen getötet oder ihm den Kiefer zerschmettert hat, wenn es zu dicht folgte.

Zum Abgaloppieren braucht man eine gut eingezäunte, nicht zu große Koppel - eine Hengstkoppel wäre ideal dafür. Steht eine solche nicht zur Verfügung, stellt man einige Leute außerhalb des Zauns auf, die die Stute zurücktreiben, wenn sie auf sie zugaloppiert. Sobald die Stute müde wird und aufhört zu galoppieren, kann man sie zu ihrem Fohlen zurückführen, das in seiner Box zurückgeblieben ist. Am besten läßt man es von jemanden halten; auf jeden Fall muß der obere Türflügel geschlossen sein. Dann kann man Stute und Fohlen zusammen hinausführen. Nach einigen Runden am Führzügel kann man sie loslassen, wenn sie anfängt zu grasen und einen ruhigen Eindruck macht.

Fohlen mehrere Stuten etwa gleichzeitig ab, läßt man jeweils nur eine Stute mit ihrem Fohlen auf die Koppel und wartet ab, bis sie sich beruhigt hat; dann erst läßt man die nächste hinaus und so weiter. Es passiert sonst leicht, daß die Fohlen die Orientierung verlieren. Solange sie noch sehr jung sind, galoppieren sie gern allein los und rennen dann zur falschen Mutter, wenn sie sich verirrt haben. Man bringt deshalb am besten nicht allzu viele Stuten zusammen, bevor die Fohlen etwa einen Monat alt sind.

Es spart Arbeit und Zeit, wenn man sich zum Einfangen eines Fohlens immer der gleichen Standardmethode bedient. Welche man anwendet, ist nicht so wichtig, nur wirksam muß sie sein. Die Abbildungen 3 und 4 zeigen erprobte und gut funktionierende Arten, ein Fohlen einzufangen. Mit der Zeit nehmen die Fohlen automatisch die abgebildete Stellung ein, wenn man die Stute einfängt. Auf der Koppel muß man zuerst die Stute zum Tor bringen, bevor man das Fohlen einfangen kann. Fängt man es am Zaun, versucht es wahrscheinlich durchzuspringen, sobald man es gepackt hat.

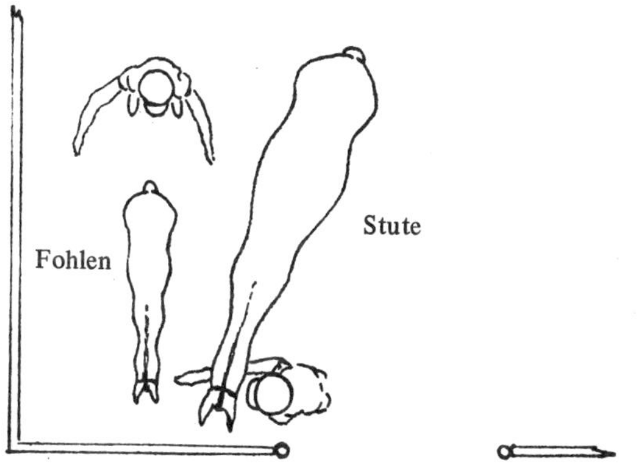

Abbild. 3 So fängt man ein Fohlen in der Box

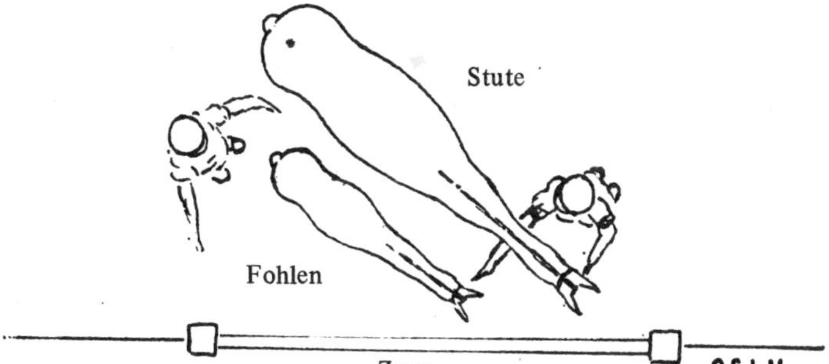

Abbild. 4 So fängt man ein Fohlen auf der Koppel

Bis sich das Fohlen gut führen läßt, führt man Stute und Fohlen am besten getrennt. Ein Helfer führt die Stute voraus, der andere folgt mit dem Fohlen. Sobald sich das Fohlen gut am Halfter führen läßt, kann man es zusammen mit der Stute beidhändig führen (siehe Abbildung 5).

Am Anfang ist es gut, wenn ein zweiter Helfer dem Fohlen einige Male folgt, bis man sicher ist, daß es nicht anhält oder zurückläuft. Wenn man über genügend Arbeitskräfte verfügt, ist es jedoch besser, die Fohlen einzeln zu führen. Sie lernen dadurch schon früh einen zügigen Schritt.

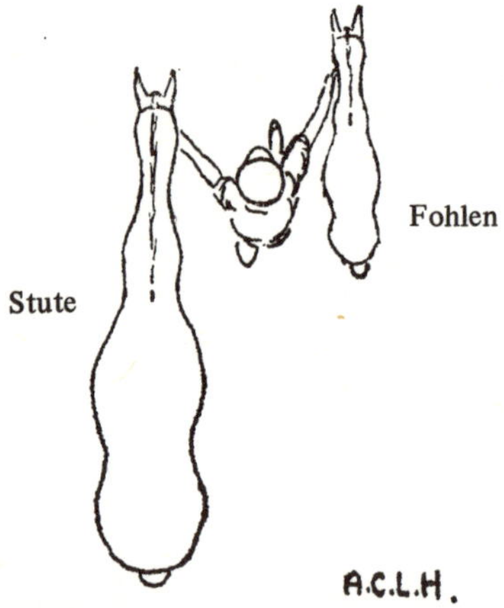

Abbild. 5 Wenn man Stute und Fohlen zusammen führt, läßt man das Fohlen immer etwas vorausgehen

In die Box führt man das Fohlen immer zuerst. Man läßt es auf Armeslänge vorausgehen und läßt die Stute folgen, nötigenfalls auf die ganze Länge des Halfterstricks. Selbst draußen stehen zu bleiben und sie hineinlaufen zu lassen, ist keine gute Methode. Dadurch lernen sie nur, durch Türen hinein- und hinauszurennen. Besonders ist darauf zu achten, daß sich die Pferde beim Passieren der Tür nicht die Hüfte aufreißen. Aus diesem Grund führt man die Pferde immer in einem weiten Bogen hinein und auf einer ganz geraden Linie hinaus, bis man die Tür passiert hat.

Auf keinen Fall darf man Fohlen einen Klaps mitgeben, wenn man sie auf der Koppel oder in der Box freiläßt. Werden Stute und Fohlen getrennt geführt, muß derjenige, der das Fohlen führt, durch Zuruf melden, daß er bereit ist. Erst wenn er soweit ist, das Fohlen loszulassen, kann man auch die Stute loslassen. Es kann sonst die größten Schwierigkeiten geben, wenn ein Fohlen einmal im letzten Augenblick zurückläuft, während man die Stute schon losgelassen hat.

Sehr junge Fohlen sollten bei naßkalter Witterung nicht längere Zeit im Freien verbringen. Auch wenn es nicht regnet, können sie sich erkälten, wenn sie sich bei kühlem Wind ins feuchte Gras legen. Wenn sie älter sind und das Wetter besser ist, kann man sie nach dem Frühstück hinausbringen und erst gegen 16.00 Uhr oder noch später wieder hereinholen.

In England lassen viele Vollblut- und Araber-Züchter ihre älteren Fohlen jetzt die ganze Nacht über im Freien. In der Ponyzucht ist dies ohnehin üblich, und für andere Zuchtbetriebe hat es ebenfalls manchen Vorteil. Es spart eine Menge Arbeit (manchmal bis zu 45 % der Unkosten), Einstreu und Heu, die heutzutage mit beträchtlichen Summen zu Buche schlagen. Es ist jedoch wichtig, daß alle Fohlen mit Menschen in Berührung kommen und daß sie täglich gefüttert werden. Vollblutstuten und andere hoch im Blut stehende Stuten müssen außerdem täglich eine zusätzliche Ration Futter erhalten, damit sie genügend Milch haben und dem Fohlen während der Tragezeit alle wichtigen Aufbaustoffe mitgeben können.

Will man die Pferde Tag und Nacht draußen lassen, empfiehlt es sich, sie um die Mittagszeit hereinzuholen und zu füttern, während alles ruhig ist. Dabei bietet sich dem Pfleger oder Pferdehalter die beste Möglichkeit, Verletzungen oder Anzeichen einer Erkrankung festzustellen, oder eine Stute auf Rossigkeit zu untersuchen. Außerdem lassen sich so regelmäßig Wurmkuren oder tierärztliche Routinebehandlungen durchführen oder Hufkorrekturen vornehmen. Auch Mähnen und Schweife können auf diese Weise einmal täglich gebürstet und saubergehalten werden, was bei Pferden, die auf Ausstellungen gezeigt werden sollen, besonders für solche, die dabei nicht eingeflochten werden wie z. B. Araber, sehr wichtig ist.

Kleinponystuten sollten nicht hereingebracht und gefüttert werden, da sie sowieso zu Hufrehe neigen und besser ausschließlich auf einer nicht allzu üppigen Koppel gehalten werden. Bei ausschließlicher Weidehaltung muß für die Fohlen eine spezielle Beifütterung auf der Koppel eingerichtet werden, so daß sie ungestört von den Müttern zusätzlich Futter aufnehmen können. Dazu baut man meist einen viereckigen Zaun um einige Futtertröge, und zwar mit nur einer Stange, die so hoch angebracht ist, daß die Fohlen darunter durchkriechen, die Stuten aber nicht folgen können. Der Zaun muß so robust sein, daß er nicht zusammenbricht, wenn sich die Stuten darüberlehnen. Die Eckpfosten werden am besten verstärkt und die Abstände enger gehalten als sonst.
Das Fohlen kommt wurmfrei zur Welt und nimmt bereits die ersten infektiösen Wurmlarven über die Muttermilch oder aus seiner Umgebung auf. Die Behandlung dieser sogenannten Zwergfadenwürmer, vor allem bei starkem Befall, sollte bereits nach den ersten 14 Tagen durchgeführt werden.

Nach etwa acht Wochen erscheinen dann die ersten Eier der kleineren Paligoden und Spulwürmer im Kot. Zu diesem Zeitpunkt sollte eine entsprechende Wurmkur durchgeführt werden, die dann in sechs- bis achtwöchigem Abstand zu wiederholen ist.

Die Wurmbehandlung kann heutzutage mit geeigneten postösen oder milchigen Medikamenten in kleinen Mengen per os (über das Maul) ohne Nasenschlundsonde durchgeführt werden.

Sehr wesentlich ist außerdem, die Fohlenhufe regelmäßig nachsehen zu lassen. Mit einem Monat etwa sollte der Hufschmied einmal mit der Raspel über die Hufe gehen. Zuvor wird das Fohlen auf ebenem Boden geführt und seine Aktion sehr genau beobachtet, um jede Abweichung von der Norm korrigieren zu können, bevor sie sich festsetzt. Danach müssen die Hufe regelmäßig alle vier Wochen korrigiert und Hufform und Gang der Tiere auf Unregelmäßigkeiten nachgesehen werden.

ERKRANKUNGEN BEI FOHLEN UND JUNGPFERDEN

Zum Problem der Krankheiten kann man sagen, daß Vorbeugen immer besser ist als Heilen - und meist kommt es, auf die Dauer gesehen, sogar billiger. Wo irgendmöglich möchte ich deshalb außer auf die Krankheitssymptome auch darauf hinweisen, welche vorbeugenden Maßnahmen dem Pferdehalter zur Verfügung stehen, und wann es besser ist, den Tierarzt zu rufen. Die Symptome der verschiedenen Krankheiten sind in Kurzform im Anhang aufgeführt.

"Bellen und Wandern neugeborener Fohlen"

Damit wird ein merkwürdiges Krankheitsbild umschrieben, das manchmal bei neugeborenen Fohlen auftritt. Es entsteht entweder durch Sauerstoffmangel während der Geburt oder durch eine Infektion mit Actinobacillosus equuli bzw. anderen Mikroorganismen, die eine Sepsis oder Blutvergiftung hervorrufen.

Solche Fohlen erscheinen oft bei der Geburt ganz normal, beginnen aber bald darauf, Geräusche zu produzieren, die an einen bellenden Hund erinnern. Gleichzeitig treten sichtbare Atemnot und Zuckungen auf. Liegt das Fohlen schon, wirft es den Kopf auf und nieder und strampelt mit den Beinen, ohne sich erheben zu können. Steht es, zeigt es wahrscheinlich Symptome von Blindheit: es wandert ziellos umher, stößt gegen Wände und ruft andauernd nach der Mutter, offensichtlich ohne sie erkennen zu können.

Man legt das Fohlen auf eine Decke, damit es kein Stroh in die Augen bekommt, was bestenfalls zu Entzündungen, schlimmstenfalls zur Erblindung führen könnte. Man legt die Decke unter einen Wärmestrahler und deckt das Fohlen mit einem alten Pullover oder ähnlichem zu. Der Tierarzt muß sofort zugezogen werden, damit es nicht zu einer dauernden Hirnschädigung kommt.

Hervorgerufen wird diese Krankheit durch Sauerstoffmangel während der Geburt infolge Blutverlust durch einen vorzeitigen Bruch der Nabelschnur und durch Kreislaufstörungen infolge Quetschung des Brustkorbes und des Herzens als Geburtsverletzung. "Wanderer" ist eine leichte Abwandlung desselben Krankheitsbildes. Wie schon der Name sagt, wandern "Wanderer" ziellos in der Box umher und machen einen erregten und ruhelosen Eindruck. Sie verweigern die Nahrung, kauen unaufhörlich oder knirschen mit den Zähnen. Andere dagegen verlieren das Bewußtsein und verfallen in Koma.
Solche Fohlen haben nur eine Überlebenschance, wenn sie mit der Magensonde ernährt werden. Die Krankheit tritt hauptsächlich bei Vollblütern auf.

"Der Durchfall"

Dabei kann es sich um ein Sympton für verschiedene Krankheiten, Fütterungsfehler oder Wurmbefall handeln.
Die meisten Fohlen leiden irgendwann einmal unter Durchfall, bevor sie abgesetzt werden, meist wenn die Stute nach der Geburt wieder rossig wird. Man führt dies auf eine Veränderung in der Zusammensetzung der Milch während dieser Zeit zurück. Aber auch die Aufnahme von Futter minderer Qualität wie z. B. schlechtem Heu, bevor der Verdauungsapparat des Fohlens in der Lage ist, diese Faserstoffe zu verarbeiten, kann dabei eine Rolle spielen. Der durch die Fohlenrosse der Stute verursachte Durchfall hört ganz von selbst auf, sobald die Stute nicht mehr rossig ist. Das Fohlen saugt weiterhin und zeigt auch keine Krankheitssymptome, es kann jedoch durch diesen "natürlichen" Durchfall geschwächt und damit anfällig für einen infektiösen Darmkatarrh werden.

Wichtig ist bei einem Durchfall, daß After und Umgebung saubergehalten und mit etwas Vaseline eingerieben werden, damit das Fell nicht ausgeht. Das ist besonders wichtig, wenn man das Fohlen vor dem Absetzen verkaufen will.

Infektiöse Durchfälle müssen immer vom Tierarzt behandelt werden, da junge Fohlen über sehr wenig Reserven verfügen und sehr schnell abfallen.

Wenn ein Fohlen Durchfall hat, macht sich meist ein charakteristischer Geruch bemerkbar, der schon beim Betreten der Box auffällt. Meist hat das Fohlen auch erhöhte Temperatur. Das Thermometer muß an die Darmwand gehalten werden, weil man sonst bei entspanntem Darm eventuell falsche Meßergebnisse erhält. Manche Fohlen hören auf zu saugen, andere wieder nicht. Manche trinken große Mengen Wasser, bis sich ihr Magen erweitert. Fohlen, die nicht mehr saugen, trocknen bald aus und müssen per Sonde Flüssigkeit mit den notwendigen Salzen erhalten. Auf keinen Fall darf man die Wasseraufnahme beschränken. Anzeichen für Flüssigkeitsmangel sind eingesunkene Augen, gesträubtes Fell und schwacher Puls.

Zugluft oder plötzliche Temperaturschwankungen können die Anfälligkeit für Durchfall erhöhen. Das Wichtigste bei Durchfall ist, daß jeder Flüssigkeitsverlust sofort ersetzt wird und das elektrolytische Gleichgewicht erhalten bleibt. Geschieht das nicht, stirbt das Fohlen unmittelbar an Austrocknung. Oft ist die Zunge des Fohlens belegt, die Fohlen verlieren sichtbar an Kondition und Muskeln.

Manchmal hilft eine Injektion mit dem Blut der Mutterstute durch die darin enthaltenen Antikörper. Im allgemeinen ist eine Behandlung mit Antibiotika erforderlich.

"Das Entropium"

Dieses Krankheitsbild zeichnet sich durch konstanten Tränenfluß aus einem oder beiden Augen aus, der ein oder zwei Tage nach der Geburt deutlich sichtbar auftritt. Sieht man genau hin, stellt man fest, daß sich das untere Lid nach innen gerollt hat und die eingerollten Wimpern den Augapfel reizen. Eine kleine Operation mit ein paar Nähten durch den Tierarzt wird das Leiden schnell beheben.

"Infektiöse Anämie" (Sumpffieber)

Hierbei handelt es sich um eine anzeigepflichtige Erkrankung. Bei Verdacht auf "Infektiöse Anämie" ist sofort der Kreistierarzt zu verständigen. Es tritt gern in tiefliegenden, sumpfigen Gegenden auf - daher der Name - und wird durch Stechmücken übertragen. Infektiöse Anämie war ursprünglich auf den amerikanischen Kontinent beschränkt. Da heutzutage Pferde jedoch in der ganzen Welt umherreisen, muß auch anderswo mit ihrem Auftreten gerechnet werden. In England wurde erstmals 1975 ein solcher Fall gemeldet.

Die Krankheit kann sich verschieden äußern:

1. Fieber mit gleichzeitiger Anämie, winzige Blutungen auf der Zungenunterseite und weiche Schwellungen an den Gliedmaßen und anderen Körperteilen, manchmal Konditionsverlust,
2. chronischer Konditionsverlust bei gleichzeitiger Anämie bis zum Tod des Tieres,
3. plötzliches Verenden ohne vorherige Symptome.

Manche davon befallenen Tiere zeigen keinerlei Symptome, bis sie einer besonderen Beanspruchung unterworfen werden, z. B. einer Geburt. Auch solche Tier können die Krankheit jedoch unter den entsprechenden Bedingungen auf gesunden Bestand übertragen.

Die Diagnose erfolgt durch Blutproben, die einem besonderen Labortest, dem sogenannten Coggins-Test, unterworfen werden.

Erkrankte Pferde müssen getötet oder ihr Leben lang isoliert gehalten werden.

"Luftsackentzündung" (Tympanitis)

Diese Krankheit kommt bei Fohlen sehr selten vor. Erkrankte Tiere weisen eine erhebliche Schwellung im Bereich des Kehlkopfes auf (siehe Abbildung 6). Drückt man auf die geschwollene Partie, wird Luft herausgepreßt, aber nach ein paar Stunden ist die Schwellung wieder da.

Das erkrankte Tier gibt beim Atmen röhrende oder schnarchende Laute von sich, die sich beim Fressen oft noch verstärken. Bei heißem Wetter kann das Pferd ernstlich unter Atemnot leiden. Nasenausfluß tritt manchmal auf, kann aber auch fehlen. Es kann sich um Vererbung, aber auch um eine Infektion handeln. Der Tierarzt ist sofort nach Auftreten der ersten Sym-

Abbild. 6 Luftsackentzündung

ptome zu Hilfe zu rufen. Er rät möglicherweise zu einer Operation. Auf keinen Fall darf man selbst versuchen, die Geschwulst zu öffnen und Flüssigkeit oder Luft abzulassen; dadurch könnte es zu ernsthaften Infektionen kommen.

"Die Gelbsucht der Neugeborenen"

Dabei handelt es sich um eine Erkrankung des Blutes, die sich hauptsächlich in Anämie und Gelbsucht manifestiert. Die Ursache liegt in einer Unverträglichkeit der Blutgruppen von Fohlen und Mutterstute, etwa vergleichbar mit dem Rhesus-Faktor in der Humanmedizin.

Die Krankheit entsteht, wenn ein noch ungeborenes Fohlen von seinem Vater eine Blutgruppe geerbt hat, die sich mit der der

Mutter nicht verträgt. Die Stute wird überempfindlich gegen die "fremde" Blutgruppe und produziert Antikörper. Diese konzentrieren sich in der Kolostralmilch und gelangen beim ersten Saugen in die Blutbahn des Fohlens. Die Antikörper verschmelzen mit den roten Blutkörperchen und zerstören sie, was schwere Anämie und Gelbsucht zur Folge hat.

Wenn eine Stute schon einmal ein hämolytisches Fohlen geboren hat oder wenn man die Krankheit mit Sicherheit ausschließen will, muß der Tierarzt etwa 3 - 4 Wochen vor der Geburt eine Blutprobe einschicken, die mit einer zwei Wochen später entnommenen verglichen wird. Hat sich der Gehalt an Antikörper deutlich erhöht, deutet das darauf hin, daß das Fohlen keine Kolostralmilch der eigenen Mutter aufnehmen darf.

Hat man einen erhöhten Gehalt an Antikörpern bei der tragenden Stute festgestellt und damit erkannt, daß das Fohlen nach der Geburt gefährdet ist, kann man folgende vorbeugende Maßnahmen ergreifen:

1. Man besorgt einen Maulkorb in Fohlengröße, der dem Fohlen angelegt wird, sobald es auf seinen Füßen stehen kann. Es darf keine Muttermilch aufnehmen, denn nur durch die Kolostralmilch kommt die Krankheit zum Ausbruch. Der Maulkorb muß 24 Stunden getragen werden.
2. Da Kolostralmilch lebenswichtig für das Fohlen ist, muß sie anderweitig besorgt werden. Man erhält sie irgendwann vorher von einer anderen abfohlenden Stute, die nicht sensibilisiert ist, und bewahrt sie im Tiefkühlschrank auf, bis man sie braucht. Zur Fütterung wird sie auf Körpertemperatur erwärmt (siehe Kapitel 2).
   Natürlich muß die Stute mindestens sechsmal am Tag gemolken werden, damit die Milch nicht versiegt. Erst dann darf das Fohlen saugen. Die abgemolkene Milch wird weggeschüttet.

Klinische Anzeichen von Hämolyse sind häufiges Gähnen des Fohlens und offensichtliche Schläfrigkeit sowie Kurzatmigkeit, die durch den Sauerstoffmangel im Blut verursacht werden, der durch die Zerstörung der roten Blutkörperchen entsteht. Die

Schleimhäute sind gelb. Im allgemeinen macht sich die Krankheit innerhalb von 36 Stunden nach der Geburt bemerkbar.

Bei Maidenstuten tritt dieses Krankheitsbild sehr selten auf, häufiger aber bei den Stuten, die bereits schon zwei oder drei Fohlen hatten.

"Der Bruch oder Hermie"

Ein Bruch oder Riß entsteht, wenn eine Muskelwand, meist im Bereich des Abdomens (Unterbauch), nicht stark genug entwickelt ist, so daß ein Organ oder Fettgewebe durch das entstehende Loch gepreßt werden und als äußerliche Schwellung unter der Haut sichtbar sind.

Am häufigsten kommt bei Fohlen der Nabelbruch vor. Dabei kommt es zu einer Schwellung in der Nabelgegend, die dadurch entsteht, daß ein Stück Eingeweide durch den nicht ganz geschlossenen Nabelring hervortritt. Normalerweise wird die Schwellung mit etwa sechs Wochen sichtbar, wird einige Zeit größer und geht zwischen dem 9. und dem 18. Monat wieder zurück.

Ein Nabelbruch ist nicht zu verwechseln mit der Schwellung, die manchmal ebenfalls in der Nabelgegend auftritt. Sie ist jedoch hart und gibt auf Druck nicht nach, während man bei einem Nabelbruch genau den Ring mit Bruchsack fühlt, aus dem man die vordringende weiche Darmschlinge in die Bauchhöhle zurückschieben kann. Sobald der Druck nachläßt, tritt sie wieder aus.

In schweren Fällen ist der Tierarzt zu Rate zu ziehen, besonders wenn die Gefahr besteht, daß der Bruch eingeklemmt wird, was eine Operation erforderlich macht. Auch wenn das Fohlen nach dem Absetzen verkauft werden soll, empfiehlt sich eine Operation, da der Nabelbruch den Erlös beeinträchtigt. Eine Operation sollte nicht vor einem Jahr durchgeführt werden, damit die Bauchdecke erst entsprechend gefestigt ist. Scharfe Einreibungen werden manchmal empfohlen, sie verhärten jedoch die Haut und erschweren damit etwaige notwendige Operationen. In manchen Fällen verschwindet der Bruch von allein wieder.

"Die Grippe" (Influenza)

Erkrankte Pferde husten, haben Temperatur und manchmal einen leichten Nasenausfluß. Ausgewachsene Pferde haben die Krankheit normalerweise nach einer Woche überstanden, für junge Fohlen bedeutet sie jedoch eine ernsthafte und manchmal tödliche Gefahr, weil sie so früh noch keine Widerstandskräfte gegen Influenza besitzen, wenn nicht die Stute kurz zuvor dagegen geimpft wurde.

Die Krankheitsgefahr kann durch jährliche Impfung aller Zuchtstuten gegen Influenza und eine Auffrischungsimpfung im letzten Trächtigkeitsmonat stark eingedämmt werden. Dadurch wird ein maximaler Gehalt an Antikörpern in der Kolostralmilch erreicht. Schädliche Nebenwirkungen der Impfung wurden weder bei Stuten noch bei Fohlen je festgestellt. Die Fohlen werden mit zwei Monaten und noch einmal einen Monat später geimpft und erhalten 12 bis 18 Monate später eine Auffrischungsimpfung. Vollblutjährlinge läßt man am besten im Juli oder August impfen.

"Die Fohlenlähme"

Diese Krankheit bricht im allgemeinen irgendwann zwischen dem ersten bis fünften Lebenstag (Frühlähme) und der ersten und vierten Lebenswoche (Spätlähme) aus. Charakteristisch dafür sind Schwellungen an den Gelenken oder in der Nabelgegend. Meist geht das Fohlen auf dem erkrankten Gliedmaß bzw. den erkrankten Gliedmaßen lahm.

Man nimmt an, daß die Krankheitserreger während oder kurz nach der Geburt über den Nabel, Nasen- und Maulhöhle eindringen. Deshalb ist Sauberkeit während des Geburtsvorganges oberstes Gebot.

Manche Fohlen verweigern die Nahrung und erscheinen matt und apathisch. Die Temperatur kann auf 40° C ansteigen. Meist liegen die Fohlen flach ausgestreckt auf der Seite. Ein oder zwei Gelenke sind geschwollen, heiß und gespannt. Ohne Behandlung brechen sie schließlich auf, wobei blutige Flüssigkeit austritt. Das Fohlen wird immer schwächer und kann schließlich eingehen. Manchmal findet man auch Abszesse an inneren Organen, was fast immer tödlich verläuft.

Als Vorbeugung dagegen hat sich hauptsächlich peinlichste Sauberkeit in der Abfohlbox und exakte Nabelversorgung bewährt. Außerdem ist wichtig, daß das Fohlen innerhalb von 24 Stunden nach der Geburt Kolostralmilch erhält, besonders wenn die Milch der Mutterstute schon vor der Geburt ausgetreten ist. Man kann die Kolostralmilch der Stute und dem Fohlen entnommenes Serum auf den Gehalt an Antikörpern untersuchen lassen. Als letzte Vorsichtsmaßnahme kann man dem Fohlen an den drei auf die Geburt folgenden Tagen Antibiotika verabreichen.

Bei Verdacht auf Fohlenlähme muß sofort der Tierarzt gerufen werden. Ohne Behandlung können zumindest dauernde Gelenkschäden, wenn nicht Schlimmeres, die Folge sein.

"Die Darmpech-Verhaltung"

Darmpech nennt man die ziemlich feste, schwarze oder braune Ausscheidung, die sich vor der Geburt in den Därmen ansammelt. Es sollte mit Hilfe der entschlackenden Wirkung der Kolostralmilch innerhalb weniger Stunden nach der Geburt ausgeschieden werden. Vermutlich entsteht das Darmpech aus Fruchtwasserzellen, Galle und Abfallstoffen aus den Gedärmen, die sich vor der Geburt ansammeln.

Es ist sehr wichtig, daß das Darmpech innerhalb weniger Stunden nach der Geburt ausgeschieden wird, damit die normale Verdauung einsetzen kann. Bleibt das Darmpech im Darm, kommt es zur Kolik. Das Fohlen trägt meist den Schweif höher als normal, steht gekrümmt, mit aufgebogenem Rücken, da und preßt. Im fortgeschrittenem Stadium werden die Kolikanzeichen deutlicher: es schlägt in Richtung Bauch, wälzt sich oder liegt sogar mit angezogenen Beinen auf dem Rücken, um sich Erleichterung von den Schmerzen zu verschaffen (siehe Fotos Nr. 7 und 8).

Zu Darmpechverhaltung und Verstopfung kann es bei einem Fohlen dadurch kommen, daß die Stute schwer verdauliches

Futter und zu wenig Bewegung erhalten hat. Bei Weidegang der Stuten und Vitamin A-reicher Kost tritt es selten auf.
Manchmal hilft es, dem Fohlen eine Portion Paraffinöl einzugeben oder einen Einlauf mit warmem Seifenwasser zu verabreichen; sicherer ist es, beim Auftreten der ersten Symptome den Tierarzt zu rufen und nicht abzuwarten, bis sich die Verfassung des Fohlens weiter verschlechtert.

Darmpechverhaltung läßt sich auch dadurch vermeiden, daß man allen Fohlen gleich nach der Geburt eine Gabe Paraffinöl verabreicht. Hengstfohlen, vor allem wenn sie übertragen sind, scheinen auf Grund der engen Beckenverhältnisse für die Krankheit anfälliger zu sein als Stutfohlen.

"Die Hirnhautentzündung" (Meningitis)

Hierbei handelt es sich um eine Entzündung der das Gehirn und/ oder das Rückenmark umschließenden Häute.

Das Fohlen verweigert die Nahrung und macht einen kranken Eindruck. Temperatur, Atmung und Puls sind höher als normal. Manchmal ist es so benommen, daß es in Gegenstände hineinläuft; es kann auch zu krampfartigen Zuständen kommen.

Es handelt sich um eine sehr schwere Erkrankung, die sofortige tierärztliche Hilfe erforderlich macht. Eine Heilungsaussicht besteht nur bei sorgfältigster Pflege.

"Der Harnaustritt oder Urachusfistel"

Bei dieser Erkrankung tritt in den ersten vier Tagen nach der Geburt tröpfchenweise Harn aus dem Nabel aus. Das führt oft zu Haarausfall an den unteren Partien der Hinterbeine, wenn sie nicht durch einenVaselinfilm geschützt werden.

Vor der Geburt liegt das Fohlen in der Fruchtblase und ist von Fruchtwasser umgeben. Die Fruchtblase wiederum wird umschlossen von der embryonalen Harnblase, die mit dem Urin des Fötus vor der Geburt gefüllt ist. Die Harnblase des Fohlens hat direkten Zugang zu diesem Urharnsack, der sich allmählich mit

Urin füllt und so eine Überdehnung der Harnblase verhindert. Bei der Geburt schließt sich der Nabel normalerweise. Bei Harnaustritt kann der Urin jedoch noch immer direkt durch den Nabel austreten.

Manchmal heilt die Krankheit von selbst, wenn sich jedoch innerhalb von 14 Tagen keine Besserung einstellt, ist der Tierarzt zuzuziehen, der über eine eventuelle Behandlung entscheidet.

"Der Harnblasenriß"

Ein Blasenriß kommt selten vor und ist dann wahrscheinlich auf eine ererbte Schwäche der Blasenwand zurückzuführen. Bei Hengstfohlen ist es häufiger als bei Stutfohlen. Die Symptome gleichen denen bei Darmpechverhaltung und zeigen sich meist um den dritten Tag nach der Geburt. Der Fohlenbauch ist von Flüssigkeit aufgebläht, während es gleichzeitig nur sehr geringe Mengen Harn lassen kann.

Bei Verdacht auf Blasenriß ist sofort der Tierarzt zu rufen, da der Riß in der Blasenwand nur durch eine Operation zu reparieren ist.

"Die Lungenentzündung"

Die typischen Symptome dieser gefürchteten Fohlenerkrankung sind pumpende Atmung, anhaltend hohes Fieber, Hustenreiz bei kleinen Anstrengungen, schnelle Abmagerung, da die Fohlen nicht mehr selbständig saugen. Nur besonders gute und sorgfältige Pflege der Fohlen und intensive ärztliche Behandlung können solche Fohlen retten. Am gefürchtetsten sind Lungenentzündungen, die etwa von der fünften Lebenswoche an auftreten und durch spezifische Eiterbakterien (Corynebacterium) verursacht werden.

Lungenerkrankungen zählen zu den sogenannten Faktorenkrankheiten. Das bedeutet, es müssen immer bestimmte Hilfsursachen vorhanden sein, damit die Bakterien ihre krankmachende Wirkung erst voll entfalten können. Schrittmacher für Lungenerkrankungen sind vor allem schlechtes Stallklima und bestimmte Wurminfektionen.

Zum Stallklima:

Das Pferd hat von Natur aus die Fähigkeit mitbekommen, sich großen Klimaschwankungen hinsichtlich Lufttemperatur, Feuchtigkeitsverhältnissen, der Licht- und Wärmestrahlung anzupassen. Die natürliche Umwelt des Pferdes wird immer mehr durch die künstliche Stallumwelt ersetzt, was eine kaum veränderbare Tatsache ist. Umsomehr muß versucht werden, die Stallumwelt den natürlichen Bedürfnissen des Pferdes anzugleichen. Das neugeborene Fohlen besitzt also von Natur aus die Fähigkeit, sich in den ersten Lebenstagen an jedes Klima anzupassen, sofern es nur einigermaßen in der für Pferde natürlichen Abfohlzeit geboren wird. Lungenerkrankungen treten am seltensten da auf, wo die Pferde ganz auf der Weide oder in einem Stallklima gehalten werden, das von dem Weideklima so wenig wie möglich abweicht. Eine gleichmäßige, zu warme Stalltemperatur wirkt auf die Dauer erschlaffend und resistenzschwächend auf das Fohlen. Das Fohlen benötigt keine Nestwärme, wie etwa andere Haustiere, sondern einen möglichst kalten, gut belüfteten und trockenen Stall. Dem Fohlen sollte man schon in der ersten Lebenswoche die Gelegenheit geben, sich an Temperaturschwankungen zu gewöhnen, indem man es täglich bei gutem Wetter für einige Stunden zusammen mit der Mutter in einen Auslauf bringt.

Die optimale Stalltemperatur für ein gesundes Fohlen darf nicht mehr als + 10° C - maximal + 15° C betragen. Ein gut belüfteter Stall sollte morgens beim Betreten der Box eine ebenso frische und unverbrauchte Luft, vor allem dicht über der Streu, wo das ruhende Fohlen atmet, haben, wie abends beim Verlassen des Stalles. Besonders bei Hitzewellen kommt es zu gehäuftem Auftreten von Lungenentzündungen. In Ställen, in denen ein hoher Wärmewert mit schlechter Bodenentlüftung und entsprechend hoher Luftfeuchtigkeit der Boxen zusammenkommt, verschlimmern sich die anfangs harmlos erscheinenden Erkrankungen mit leichtem Temperaturanstieg. Pumpende Atmung der Fohlen mit anhaltendem Fieber ist deutlich erkennbar. Eine Absonderung der erkrankten Fohlen ist unbedingt erforderlich. Der Transport bei Fohlen mit Temperaturanstieg bzw. bereits erkrankten Fohlen darf auf keinen Fall erfolgen. Einmal kann ein solcher Streß zum Tode führen, zum anderen wird dadurch häufig die Krankheit in einen gesunden Fohlenbestand eingeschleppt.

"Die Wurminfektionen"

Wie bereits erwähnt, sind bestimmte Wurminfektionen Schrittmacher für Lungenerkrankungen. So kann der Befall mit Zwergwürmern (Strongyloides) bei reiner Stallhaltung für die Fohlen gefährlich werden. Die dritte Larve dieser Würmer kann aktiv durch die unverletzte Haut eindringen oder durch Nahrung aufgenommen werden und macht anschließend eine Blut-Lungenwanderung über die Luftröhre und Speiseröhre durch. Diese wandernden Larven verletzen die Lungengewebe. Durch Verschleppung von Eiterbakterien kann es dann an diesen Stellen zu Infektionen kommen.

"Die Infektion der Atemwege durch Herpesviren"

Das Herpesvirus verursacht eine Infektion der Atemwege, die am häufigsten bei Jährlingen vorkommt. Unter bestimmten Umständen können erkrankte Stuten verfohlen, und gelegentlich kommt es auch zu Lähmungserscheinungen.

Bei jungen Pferden gleichen die Symptome meist denen einer gewöhnlichen Erkältung: Nasenausfluß, manchmal begleitet von einem leichten Temperaturanstieg, gerötete Augenschleimhäute (Bindehautentzündung) und Schwellungen im Bereich der Kehlkopflymphknoten.

Meist heilt die Krankheit von selbst aus, bei erhöhter Temperatur - selbst wenn sie nur leicht erhöht ist - muß jedoch der Tierarzt zugezogen werden (siehe auch Schnoddernase).

"Die Schnoddernase"

Sie wird meist durch eine Virusinfektion mit einer sekundären Bakterieninfektion verursacht. Die Pferde haben Nasenausfluß, manchmal auch Husten und leicht erhöhte Temperatur. Die Lymphknoten können geschwollen sein.

Im allgemeinen überwinden die Pferde die Krankheit von allein, der Tierarzt ist nur zuzuziehen, wenn die Temperatur erhöht ist.

Ein schlecht gelüfteter Stall macht die Pferde anfällig für diese Krankheit. Pferde mit Schnoddernasen dürfen nicht gearbeitet werden, bis die Symptome abgeklungen sind.

"Die Druse"

Die Druse befällt meist junge Pferde bis etwa fünf Jahre. Sie wird von dem Erreger Streptococcus equi hervorgerufen, ist sehr ansteckend und verläuft für junge Fohlen tödlich. Die Inkubationszeit beträgt zwischen zwei und 14 Tage. Die Pferde haben Temperatur, wirken apathisch und verweigern oft das Futter. Meist husten sie, haben einen entzündeten Hals, starken Nasenausfluß und Schwellungen im Kehlbereich, was die Pferde veranlaßt, Kopf und Hals steif nach vorn zu strecken. Nach einigen Tagen bildet sich auf der Schwellung ein Abszeß, der aufbricht, sobald er reif ist. Blutiger Eiter wird ausgestoßen. Dieser Eiter und der Nasenausfluß sind im höchsten Maße ansteckend, so daß das Pflegepersonal, das sich mit erkrankten Pferden befaßt, nicht mit gesunden Tieren in Berührung kommen sollte.

Ist der Abszeß erst einmal aufgebrochen, normalisiert sich meist die Temperatur, die Schwellung geht zurück, und nach einigen Wochen ist das Pferd wieder gesund.

Die Behandlung besteht in sofortiger Isolation erkrankter Tiere. Der Tierarzt ist zuzuziehen.

"Der Tetanus" (Starrkrampf)

Die Krankheit kann Pferde jeden Alters befallen, junge Fohlen kann man jedoch weitgehend davor schützen, wenn man der bereits gegen Tetanus geimpften Stute drei Wochen vor dem Abfohlen eine Auffrischungsspritze verabreicht. Die dadurch gebildeten Antikörper gehen mit der Kolostralmilch auf das Fohlen über und machen es für die ersten Wochen immun gegen Tetanus. Die Immunität läßt sich bis auf drei Monate ausdehnen, wenn man etwa sechs Wochen nach der Geburt Tetanus-Antiserum injiziert. Der Erreger (Clostridium tetani) kann sich lange Zeit außerhalb des tierischen oder menschlichen Körpers halten. Atmosphärischer Sauerstoff bringt ihn zum Absterben.

Meist erfolgt die Infektion durch tiefe Wunden, z. B. an den Beinen, oder punktförmige offene Stellen wie z. B. den Nabel nach der Geburt, das heißt an allen Stellen, die nicht unmittelbar mit der Luft in Berührung kommen.

Die Erreger dringen nicht weiter vor, sondern produzieren ein Gift, das in die Blutbahn geschwemmt wird. Es wirkt auf das zentrale Nervensystem und ruft Lähmungserscheinungen hervor.

Das Pferd erscheint ungewöhnlich nervös. Es steht steif da, mit hoch erhobenem Schweif, gestrecktem Kopf und Hals und gespitzten Ohren. Wird der Kopf plötzlich hochgenommen, fällt das dritte Lid (die Nickhaut) deutlich sichtbar über das Auge.

Bei Verdacht auf Tetanus muß sofort der Tierarzt gerufen werden. Noch mehr als sonst aber gilt bei Tetanus das alte Prinzip, daß Vorbeugen besser ist als Heilen.

Vorbeugende Maßnahmen sind:

Tetanus-Antiserum - schnellwirkend, läßt aber nach spätestens vier Wochen nach. Es hat geringere Nebenwirkungen als Tetanus-Toxoid (siehe unten) und ist deshalb sehr wertvoll bei jungen Tieren. Auch nach Unfällen oder Operationen wird es gern verwendet, um dem Tier in einer Zeit besonderer Gefährdung einen zeitweiligen passiven Schutz zu gewähren. Tetanus-Toxoid - wirkt langsamer und gibt dauernde, aktive Immunität. Es wird mit drei Monaten gegeben und nach weiteren vier Wochen wiederholt. Ein Jahr nach der letzten Spritze wird eine Auffrischungsspritze gegeben, und von da an genügt eine Spritze einmal jährlich zur Aufrechterhaltung der Immunität. Bei besonders gefährdeten Tieren oder Zuchtstuten empfiehlt sich die vollständige Impfung.

"Warzen" (Milch- und Graswarzen)

Sie erscheinen in Mengen als kleine, hautfarbene Auftreibungen auf der Nase und den Lippen junger Pferde. Am häufigsten findet man sie bei auf der Koppel gehaltenen Jährlingen während des Sommers - daher auch der Name "Graswarzen".

Meist verschwinden sie nach 2 - 3 Monaten auch ohne Behandlung von selbst wieder, wenn das Pferd gegen den Virus, der diese Warzen hervorruft, immun geworden ist.

"Schwache oder deformierte Gliedmaßen"

Wie Menschenkinder können auch Fohlen mit angeborenen Schwächen und Deformationen auf die Welt kommen (siehe Foto Nr. 6). Unter den häufigsten sind:

1. Zu weiche Fesselung: Die Fessel wird beim Gehen so weit durchgetreten, daß sie den Boden berührt. Im allgemeinen wachsen sich die Fesseln zurecht, wenn das Fohlen kräftiger wird. In den meisten nicht allzu schwerwiegenden Fällen von schwachen Gliedmaßen bei jungen Fohlen geht nichts über den Weidegang, um den Bewegungsapparat zu stärken. Durch die Bodenberührung wird die Fessel leicht wund, wenn sie nicht einbandagiert wird. Es ist darauf zu achten, daß das Gelenk sich nicht entzündet, da daraus eine infektiöse Arthritis (Gelenkschaden) entstehen kann. Sobald sich die Fesselstellung normalisiert, können die Bandagen weggelassen werden, etwaige wunde Stellen werden jedoch mit antibiotischer Salbe behandelt, was bei manchen Präparaten gleichzeitig eine Abhärtung der Haut zur Folge hat.
2. Verkürzte Sehnen: Manchmal kann das Fohlen nur auf den Zehenspitzen gehen, in sehr schweren Fällen überhaupt nicht. Bei sehr starker Kontraktion kann es besser sein, das Fohlen zu töten, aber manchmal ist eine Operation erfolgreich, bei der die Sehnen durchtrennt werden und das Bein dadurch gestreckt wird. In anderen Fällen hilft es möglicherweise, das Glied zu schienen.

Wenn Fohlen mit verkrümmten Gliedern zur Welt kommen und sich die Beine nicht innerhalb einer Woche strecken, oder wenn sich kurz nach der Geburt Verkrümmungen zeigen, ist der Tierarzt zu Rate zu ziehen. Je länger man solche Schwächen unbehandelt läßt, desto schwerer sind sie zu korrigieren. Eine Korrektur ist nur möglich, solange das Fohlen im Wachstum begriffen ist. Gipsverbände haben sich in manchen Fällen bewährt.

Ungleichmäßiges Wachstum eines Beines läßt sich manchmal dadurch korrigieren, daß man das Bein nagelt (siehe Abbildung 8), aber das ist eine ziemlich komplizierte Operation. Zehenenge oder -weite Stellung kann im allgemeinen der Hufschmied beheben. Geringfügige Abweichungen lassen sich normalerweise durch sorgfältig bemessenes Wegschneiden korrigieren, bei gröberen Stellungsfehlern ist wahrscheinlich ein Spezialbeschlag erforderlich, sobald der Fohlenhuf überhaupt beschlagen werden kann (meist mit acht Wochen, bei aufklebbaren Beschlägen auch noch früher).
Bei zehenenger Stellung wird die Außenseite, bei zehenweiter Stellung die Innenseite des Eisens verstärkt. (Zumindest) vorn abgeflachte Eisen erhöhen die Gleitfähigkeit. Stellungsfehler dürfen nur sehr allmählich korrigiert werden, weil die Gliedmaßen sonst zu sehr beansprucht werden.

"Dicke Gelenke"

Dicke Gelenke rühren von einer Entzündung der im Wachstum begriffenen Knochenendstücke über den Gelenken bei jungen Pferden und Fohlen her. Die Ursache kann traumatisch oder fütterungsbedingt sein, wenn das Futter z. B. zu viel Phosphor und zu wenig Kalzium enthält oder ein Vitamin D-Mangel besteht (das sog. Sonnenschein-Vitamin). Auch proteinreiche Nahrung ohne entsprechende Erhöhung des Kalziumgehalts kann, besonders bei Tieren in Schaukondition, die auf hartem Boden gehalten werden, zu diesen Folgen führen.

Die Schwellungen können weich und heiß sein; die Tiere gehen lahm. Manchmal sind sie auch fest und kalt. "Fesselgelenksknubbel" sieht man besonders bei Vollblutfohlen häufig zwischen dem 3. und 6. Lebensmonat. Meist gehen sie von selbst zurück (siehe Abbildung 7 a). Dicke Vorderfußwurzel- oder Sprunggelenke trifft man eher bei Jährlingen an (siehe Abbildung 7 b).

Die sicherste Behandlung besteht darin, die Futterzusammensetzung entsprechend zu ändern. Der Tierarzt kann sich anhand von Blutproben überzeugen, ob eine Unausgewogenheit im Kalzium/Phosphor-Spiegel vorliegt. Erkrankte Tiere dürfen sich

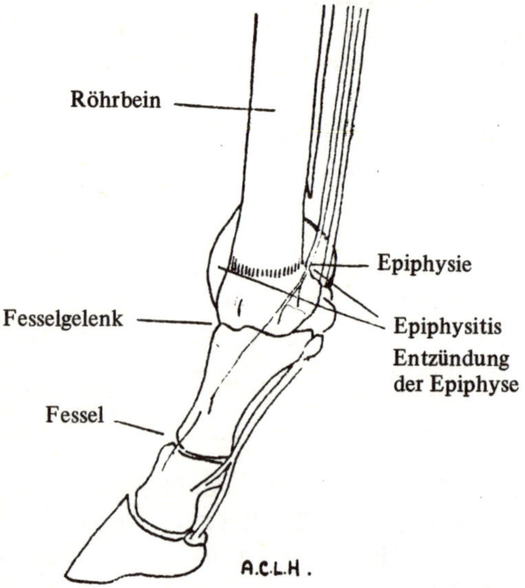

Abbild. 7 a Dicke Gelenke (Fesselgelenk)

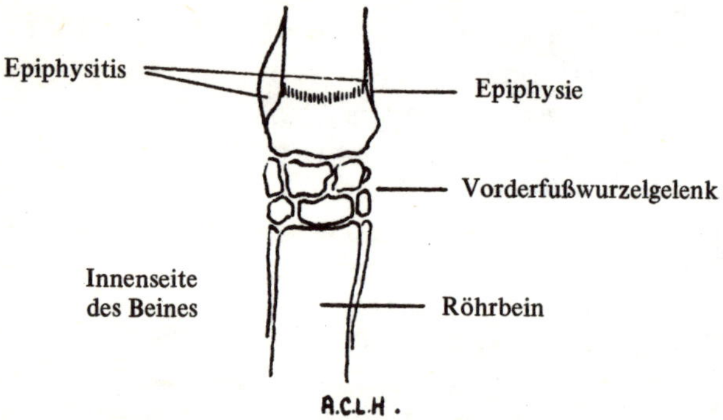

Abbild. 7 b Dicke Gelenke (Vorderfußwurzelgelenk)

nicht viel bewegen und müssen auf weichen Boden gestellt werden, z. B. in einer Scheune.

Kleie darf in solchen Fällen nicht gefüttert werden, da sie sehr phosphatreich ist. Man mengt dem Futter Kalziumkarbonat oder gekochtes Knochenmehl bei und setzt den Proteingehalt herab.

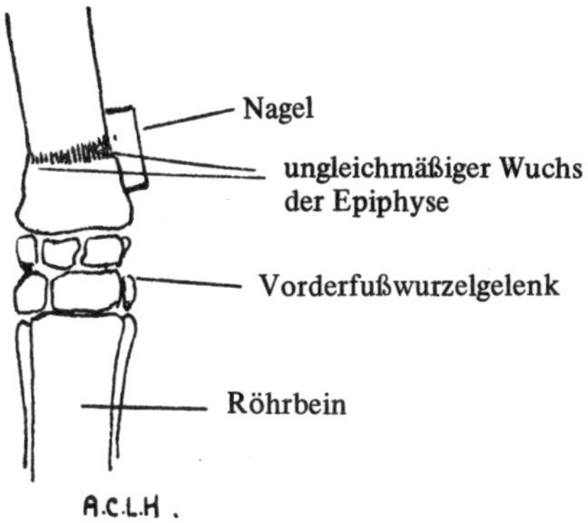

Abbild. 8 Schwaches bzw. deformiertes Bein

Pferde in Schaukondition oder zum Verkauf vorgesehene Pferde, das heißt, Tiere in überdurchschnittlich gutem Futterzustand, sind für diese Krankheiten besonders anfällig. Ihre Gelenke müssen sorgfältig beobachtet, Futter und Haltung jeweils aneinander angepaßt werden, wenn man das Anschwellen der Gelenke vermeiden will.

"Die Salmonellenerkrankung"

Wenn sie nicht von Anfang an mit Antibiotika behandelt wird, stellt sie für Fohlen wie für Kälber eine höchst ansteckende, lebensgefährliche Krankheit dar. Es kommt zu epidemischen Durchfällen im ganzen Betrieb.

Erste Anzeichen sind normalerweise wässriger, blutiger Durchfall, hohes Fieber, Kolik und beschleunigte Atmung.
Beim ersten Verdacht muß sofort der Tierarzt gerufen werden.

Erkrankte Tiere werden sofort isoliert. Boxen, in denen sich kranke Fohlen aufgehalten haben, müssen unter tierärztlicher Aufsicht mit größter Sorgfalt desinfiziert werden, bevor sie wieder für andere Fohlen verwendet werden können.

"Die Blutvergiftung" (Sepsis)

Bei dieser Erkrankung haben sich Bakterien irgendwie Zugang zum Blutkreislauf des Fohlens verschafft und zirkulieren nun durch den Körper. Sie können irgendein lebenswichtiges Organ oder auch sämtliche Organe befallen. Anfällig dafür wird ein Fohlen z. B. durch zu wenig Kolostralmilch, das heißt, wenn es zu wenig Antikörper gegen die Krankheit mit der Kolostralmilch aufnehmen kann. Die Krankheit bricht meist in den ersten vier Lebenstagen aus, nimmt einen sehr schnellen Verlauf und endet in den meisten Fällen tödlich.

Manchmal hat das Pferd überhaupt nur hohes Fieber und macht einen allgemein kranken Eindruck, bis bald darauf der Tod eintritt. Die Heilungschance ist umso größer, je früher der Tierarzt zugezogen wird.

"Die Wackelkrankheit oder Ataxie"

Diese Krankheit ist bei Hengstfohlen häufiger als bei Stutfohlen und macht sich meist vor dem zweiten Lebensjahr bemerkbar. Typisch dafür ist, daß das erkrankte Tier die Kontrolle über seine Hinterbeine verliert und sie nicht mehr zu koordinieren vermag. Am deutlichsten wird dies sichtbar, wenn das Pferd schnell vorgetrabt und abrupt angehalten wird. Es gerät dann ins Schwanken und kippt hinten fast um. Vielen Tieren ist es unmöglich, rückwärts oder in einem engen Kreis zu gehen. Eine Aussicht auf Besserung besteht nicht. In ernsteren Fällen müssen die Tiere getötet werden, da sie als Reitpferde eine Gefahr darstellen. Manchmal stellt sich die Krankheit nach Unfällen ein, z. B. wenn sich ein Pferd rückwärts überschlägt oder wenn es sich in der Box festgelegt hat.

Ataxie kann entstehen durch Veränderungen bzw. Quetschungen in der Wirbelsäule, die das Rückenmark in Mitleidenschaft ziehen, wodurch die mangelnde Koordination der Hinterbeine hervorgerufen wird.

VERWAISTE FOHLEN

Streng genommen ist ein verwaistes Fohlen ein Fohlen, das seine Mutter verloren hat, was glücklicherweise selten vorkommt. Es gibt jedoch auch andere Gründe für eine künstliche Aufzucht: wenn die Stute das Fohlen ablehnt, Abfohlen ohne Milchentwicklung, Erkrankung des Fohlens mit Nahrungsverweigerung, so daß die Milchproduktion der Stute nicht genügend angeregt wird. In solchen Fällen muß das Fohlen von Hand aufgezogen oder eine geeignete Ammenstute gefunden werden.

"Fohlenaufzucht von Hand (künstliche Aufzucht)"

Am allerwichtigsten ist, daß das Fohlen innerhalb von 24 Stunden nach der Geburt Kolostralmilch erhält, damit es Abwehrkräfte gegen Krankheiten entwickeln kann, mit denen es in Berührung kommen könnte (siehe Kapitel 2). Soweit irgendmöglich , sollte jeder Züchter eine Milchbank mit tiefgefrorener Kolostralmilch anlegen, die im Notfall zur Verfügung steht. Dafür kommen nur Stuten in Frage, die kein hämolytisches Fohlen geboren und nicht vorzeitig Milch abgegeben haben. Kolostralmilch hält sich im Gefrierschrank fast ein Jahr. Kolostralmilch von Eselinnen kann als Ersatz für die von Stuten verfüttert werden, nicht aber die von Kühen. Abgesehen von der andersartigen Zusammensetzung enthält sie vermutlich - falls die Kuh nicht in enger Nachbarschaft mit Pferden gelebt hat - nicht die Antikörper, die dem Fohlen die nötigen Abwehrkräfte gegen normale Pferdekrankheiten geben. Wenn es dem Züchter absolut unmöglich ist, rechtzeitig Kolostralmilch herbeizuschaffen, muß unbedingt der Tierarzt gerufen werden, damit er dem Fohlen einen Ersatz und Antibiotika- oder Seruminjektionen geben kann.

Um zu überleben brauchen alle Fohlen Milch in irgendeiner Form. Die ersten sechs Wochen muß das Fohlen Tag und Nacht alle zwei Stunden gefüttert werden. Danach kann man die Pausen allmählich verlängern: nach sechs Wochen alle drei Stunden bis zu vier Stunden bei 12 Wochen. Fohlen kann man nicht behandeln wie Kälber. Sie müssen oft kleinere Mengen erhalten: auch nur einmalige Überfütterung macht ein Fohlen krank.

Zuerst füttert man das Fohlen mit einer Flasche mit Gummisauger, der zwei Zentimeter breit und etwa zehn Zentimeter lang sein sollte und in Drogerien oder in Spezialgeschäften für Gummiartikel erhältlich ist. Milch ist ein idealer Nährboden für Bakterien (Krankheitserreger), deshalb müssen Flaschen, Sauger und Rührgeräte, die zur Milchbereitung dienen, zwischen den Mahlzeiten peinlichst sauber und steril gehalten werden. Zur Sterilisation kann man kochendes Wasser, eine Chemikalie aus der Milcherzeugung oder ein Sterilisiermittel für Babyflaschen, z. B. unterchlorigsaures Salz, benutzen, wobei man aber darauf achten muß, daß die zu sterilisierenden Flächen absolut sauber sind.

Hält man die Geräte nicht steril, bekommt das Fohlen fast mit Sicherheit Durchfall und wird ernstlich krank. Zur besseren Verdauung sollte die Milch immer die gleiche Temperatur haben, am besten Körpertemperatur. Es hat sich erwiesen, daß die besten Ergebnisse damit erzielt werden, daß ein und dieselbe Person die gesamte Pflege übernimmt.

Nicht aufgebrauchte Milch schüttet man weg; sie darf nie aufgewärmt werden. Einmal zubereitete Milch darf vor dem Verfüttern nicht an der Luft stehenbleiben, da sie sehr schnell infiziert wird.

Nach dem folgenden Rezept läßt sich ein befriedigender Muttermilchersatz herstellen:

2 Eßlöffel Kalkmilch (aus der Drogerie)

4 Eßlöffel Glukose

mit warmer Kuhmilch auf einen halben Liter ergänzt.

Steht Ziegenmilch zur Verfügung, ist sie der Kuhmilch vorzuziehen und bringt noch bessere Ergebnisse. Sie kann jederzeit statt Kuhmilch in dem obigen Rezept eingesetzt werden.

Ebenso kann man Fohlen auch mit Babynahrung unter Zusatz von Glukose (Zucker) in den ersten Tagen tränken.
Bei verdauungsbedingtem Durchfall wird wie bei von Hand aufgezogenen Kälbern der Milchersatz vorübergehend nur durch Wasser und Glukose ersetzt, etwa einen oder zwei Tage lang.

Eine Mahlzeit sollte je nach Größe des Fohlens aus 0,3 bis 0,5 l Flüssigkeit bestehen. Babynahrung kommt auf Dauer jedoch ziemlich teuer. Es sind auch Milchaustauscher (Fohlenmilch) von den Spezialfirmen für Pferdefutter auf dem Markt, deren Zusammensetzung genau den Bedürfnissen von Hand aufzuziehender Fohlen entspricht. Diese enthalten alle Vitamine, Mineralstoffe und Spurenelemente, die ein junges Fohlen braucht, in bester Zusammensetzung. Es wird nach Maßgabe des Herstellers verfüttert.

Die meisten Fohlen kommen schon mit einem ausgeprägten Saugreflex auf die Welt oder entwickeln ihn spätestens, sobald sie auf den Füßen stehen. Im Idealfall sollte das Fohlen innerhalb von zwei Stunden nach der Geburt, auf jeden Fall aber nicht später als innerhalb von vier Stunden, seine erste Mahlzeit erhalten. Man gibt etwas erwärmte Kolostralmilch oder ruft den Tierarzt zu Hilfe, falls Kolostralmilch nicht verfügbar ist. Ansonsten ist der oben beschriebene Milchersatz zu verfüttern. Ist weder Milch noch Ausrüstung greifbar, wartet man besser, bis die Geschäfte öffnen, statt die Verdauung des neugeborenen Fohlens mit einem selbstverfertigten Ersatz zu belasten. Wenn die Stute bei der Geburt stirbt, kann man meist noch kurz vor dem Tode etwas Kolostralmilch abmelken und sie an das Fohlen verfüttern.

Um ein Fohlen an die Flasche zu gewöhnen, muß besonders am Anfang das Saugloch groß genug sein. Man spritzt dem Fohlen ein wenig Milch ins Maul, um es auf den Geschmack zu bringen. Man kann auch den Sauger mit Honig bestreichen. Dadurch sollte der Saugreflex angeregt werden. Klappt es nicht, taucht man den - sauberen - Finger in die Milch und läßt das Fohlen daran saugen. Allmählich ersetzt man ihn durch den Sauger. Es empfiehlt sich, das Fohlen mit dem Hinterteil in eine Ecke zu schieben, um es besser in der Gewalt zu haben - es sei denn, es liegt noch am Boden. Wenn es nicht bald anfängt zu saugen, drückt man ihm mit der Hand Milch aus dem Sauger ins Maul, bis es begreift. Ein hungriges Fohlen lernt das Saugen ohne große Schwierigkeiten.

Es ist von großem Vorteil, wenn man das Fohlen frühzeitig dazu bringen kann, auch festere Nahrung in irgendeiner Form zu sich zu nehmen. Die meisten Fohlen schlecken schon einen Tag nach der Geburt ein wenig Kleiemash vom Finger; etwas Warmes, Feuchtes regt ihren Appetit eher an als Trockenfutter. Etwas Kleie, gekochter Leinsamen, gequetschter Hafer und Maisflocken sind dazu am besten geeignet. Als günstig für die Entwicklung des Fohlens hat sich baldige Zufütterung von Quetschhafer und sogenannter Fohlenstarter in Pelletform bewährt. Nach dem Absetzen erhält es am Tag ein Pfund pro Lebensmonat.

Vielleicht ist es überhaupt am besten, den Fohlenstarter nicht zu portionieren, so daß das Fohlen davon fressen kann, wann immer es will. Diese Methode bewährt sich vor allem dann, wenn der Pferdehalter tagsüber außer Haus ist. Man erstellt in solchen Fällen einen speziellen Fohlenfutterplatz. Nachts kann man zur Abwechslung ein Mash aus gekochtem Leinsamen und Kleie und einem rohen Ei geben. Heu und Wasser müssen in beliebiger Menge zur Verfügung stehen.

Ein Fohlen, das von Hand aufgezogen werden soll, muß eine saubere Box erhalten - keine, in der in dieser Saison schon ein krankes, womöglich unter Durchfall leidendes Fohlen untergebracht war. Wenn irgend möglich sollte man für einen Gefährten sorgen; es fühlt sich sonst sehr einsam und gedeiht schlecht. Ein ruhiges Schaf, eine Ziege oder ein großer Hund eignen sich gut dafür. Auch muß das Fohlen immer warm gehalten werden. Wenn es kalt ist, muß man möglicherweise mit einer Infrarotlampe nachhelfen; man kann ihm auch eine Decke aus einem alten Wollpullover machen: die Vorderbeine werden durch die Ärmel gesteckt.

"Aufzucht mit Hilfe einer Ammenstute"

Die meisten von Hand aufgezogenen Fohlen werden sehr "vermenschlicht" und haben selten den richtigen Respekt vor ihren Besitzern. Aus diesem Grund ist die Aufzucht mit Hilfe einer Ammenstute vorzuziehen, wenn diese Möglichkeit gegeben ist.

Wenn man ein Fohlen von einer Ammenstute aufziehen lassen will, darf man ihm vorher nicht beibringen, aus einem Napf zu trinken, weil es dann seinen Saugreflex verliert und auch bei einer Stute später nicht mehr saugt. (Möchte man einem Fohlen aber doch beibringen, aus einem Napf oder Eimer zu trinken, läßt man es am besten zuerst am Finger saugen und senkt die Hand allmählich in die Milch, wie man es auch bei Kälbern macht. Streut man auf den Boden ein wenig Futter, wenn das Fohlen fast fertig getrunken hat, lernt es auf diese Weise gleich, feste Nahrung zu sich zu nehmen.)

Ein Fohlen von Hand aufzuziehen, ist eine mühsame, aber lohnende Aufgabe. Mindestens sechs Wochen lang muß man jede Nacht alle zwei Stunden aufstehen.

Als Amme geeignet ist eine Stute, die zuvor ein Fohlen gehabt hat, in der Größe paßt - eine Ponystute ist für ein großes Vollblut oder Warmblutfohlen ungeeignet - und viel Milch hat. Hat man das Glück, eine passende Stute zu finden, muß man sie erst dazu bringen, das verwaiste Fohlen anzunehmen. Bei manchen Stuten ist der Mutterinstinkt so stark entwickelt, daß sie jedes Fohlen bereitwillig annehmen; andere sind weniger eifrig. Auf jeden Fall sind einige Vorbereitungen erforderlich, damit die Stute das Adoptivfohlen als eigenes annimmt. Anfangs lernen die Stuten ihre Fohlen am Geruch des Fruchtwassers kennen. Dieser Geruch muß deshalb irgendwie auf das verwaiste Fohlen übertragen werden. Später erkennt die Stute ihr Fohlen auch mit den Augen. Es gibt zwei Wege, die Stute zu täuschen:

1. Wenn die Nachgeburt noch vorhanden und frisch ist, reibt man das Fohlen von oben bis unten damit ab. Kopf, Beine

und Bauch müssen sorgfältig eingerieben werden, dann breitet man die Nachgeburt wie eine Decke über den Rücken des Fohlens. Nun schiebt man das Fohlen zu der Stute in die Box, ohne es loszulassen. Ein zweiter Helfer hält die Stute, läßt sie aber so lange, daß sie das Fohlen ungehindert untersuchen und beriechen kann. Dabei muß man jedoch genau auf ihren Gesichtsausdruck achten, damit man das Fohlen schnell genug aus der Gefahrenzone bringen kann, wenn sie Anzeichen von Ablehnung zu erkennen gibt. Scheint sie ihr neues Fohlen zu akzeptieren, läßt man es zum Euter. Duldet sie, daß das Fohlen saugt, entfernt man die Nachgeburt und läßt Stute und Fohlen allein. beobachtet sie aber noch ein paar Stunden sorgsam, falls die Stute plötzlich doch noch ihre Meinung ändern sollte.

2. Eine andere Methode besteht darin, dem toten eigenen Fohlen der Stute das Fell abzuziehen, es dem verwaisten Fohlen über Rücken und Beine zu legen und wie eine Decke mit Bändern zu befestigen. Allerdings muß man ganz sicher sein, daß das Fohlen nicht an einer ansteckenden Krankheit, z. B. Durchfall, gestorben ist, sonst läuft man Gefahr, das gesunde Fohlen durch dieselbe Krankheit zu verlieren. Nach 48 Stunden kann man die "Decke" abnehmen. Sie darf nicht so lange auf dem Fohlen bleiben, daß sie in Verwesung übergeht - was gar nicht lange dauert, wenn außerdem noch Wärmestrahler im Einsatz sind. Hat eine Stute ihr Fohlen erst nach Tagen oder Wochen verloren, kann man ihr die Nüstern mit einer stark riechenden Salbe einreiben, um den Eigengeruch des fremden Fohlens zu überdecken. Eine weitere Sicherheitsmaßnahme besteht darin, dem Fohlen einen Teil der Box so abzuteilen, daß die Stute es sehen, aber nicht verletzen kann. Nur zum Füttern läßt man die beiden zusammen und gibt dem Fohlen dazu seine "Decke" mit. Erst wenn die Stute das Fohlen offensichtlich angenommen hat, kann man diese Vorsichtsmaßnahme weglassen. Unleidlichen Stuten gibt man nach Maßgabe des Tierarztes ein Beruhigungsmittel, um sie umgänglicher zu machen. Auch ist ein Maulkorb für die Stute am ersten und zweiten Tag des Zusammenseins mit dem neuen Fohlen manchmal angebracht, um Beißen zu verhindern.

Auf jeden Fall sollte man viel Zeit und Geduld aufbringen während der ersten Phase des gemeinsamen Kennenlernens von Stute und Fohlen. Manchmal glückt es erst am dritten oder vierten Tag, daß der Bann gebrochen ist und Stute und Fohlen sich gegenseitig voll akzeptieren. Aber diese Mühe lohnt sich immer, denn danach ist die Fohlenaufzucht mit Amme wesentlich einfacher.

Als Ammen in Frage kommende Stuten müssen gesund sein und viel Milch haben. Auch die als Pfleglinge angebotenen Fohlen müssen gesund sein und dürfen nicht "in den letzten Zügen liegen".

DAS ABSETZEN

Als Absetzen bezeichnet man den Prozeß der Trennung von Stute und Fohlen, wenn das Fohlen alt genug ist, sich bei guter Fütterung allein zu ernähren. Der früheste Zeitpunkt ist ein Alter von vier Monaten. Die für Stute und Fohlen beste Zeit ist etwa mit sechs Monaten, aber letzten Endes wird der genaue Zeitpunkt wesentlich von der allgemeinen Verfassung und der Gesundheit von Stute und Fohlen bestimmt, von Größe und Reife des Fohlens sowie von der Tatsache, ob die Stute wieder tragend oder güst ist.

Ist die Stute wieder tragend, sollte man das gegenwärtige Fohlen, auch wenn die Mutterstute in gutem Futterzustand ist, im Interesse des Fötus bis zum sechsten Monat absetzen. Ist eine tragende Stute in schlechtem Futterzustand, sollte man das Fohlen so früh wie möglich absetzen - mit vier Monaten. Gut genährte, güste Stuten können mit ihrem Fohlen bis zum nächsten Frühjahr zusammenbleiben, wenn der Züchter es wünscht.

Ein in irgendeiner Hinsicht schwächliches oder krankes Fohlen darf erst abgesetzt werden, wenn es sich erholt hat, weil das Absetzen stets einen Streß für den gesamten Organismus des Fohlens bedeutet, wenn dies auch bis zu einem gewissen Grad von der Methode abhängt, die man dabei anwendet. Durch das Absetzen würde ein solches Fohlen ohne Zweifel noch weiter zurückgeworfen werden. Verweigert ein krankes Fohlen die Nahrung, muß die Stute mindestens sechsmal am Tag gemolken werden, damit die Milch nicht versiegt, bis das Fohlen sich erholt hat und wieder normal saugen kann.

Man muß die Fohlen auf das Absetzen vorbereiten, wenn man nicht einen größeren Rückschlag riskieren will. Das bedeutet, daß man sie etwa drei bis vier Wochen vor dem Absetzen an die feste Nahrung gewöhnen muß, die sie nach dem Absetzen erhalten. Dann fressen sie ohne Schwierigkeiten, wenn sie einmal abgesetzt sind. Das ist sehr wichtig, da sonst der Absetzer in den ersten Wochen der Trennung sehr rasch an Kondition verliert. Am einfachsten gewöhnt man das Fohlen an feste Nahrung, wenn man Stute und Fohlen gemeinsam aus einem nicht zu schmalen Trog fressen läßt, wobei das Futter so breit verteilt werden muß, daß es keine allzu großen Streitigkeiten gibt. Das Fohlen versucht die Mutter nachzuahmen und entwickelt bald eine Vorliebe für dieses Futter.

Je älter ein Fohlen wird, desto weniger Zeit verbringt es bei der Mutter und desto mehr im Spiel mit anderen Fohlen der Herde. Freundschaften bilden sich, aus denen sich beim Absetzen Vorteile ziehen lassen.

Die drei Hauptarten, ein Fohlen abzusetzen, sind:

1. Absetzen auf der Koppel.

Dieser Weg hat den Vorteil, daß er sich für Fohlen verschiedener Altersgruppen in einem Zuchtbetrieb anwenden läßt. Wo die entsprechenden Möglichkeiten gegeben sind, sollte man sich auf jeden Fall an diese Methode halten, da sie im Vergleich zu den später beschriebenen Methoden die geringsten Rückschläge in der Entwicklung bringt. Außerdem brauchen die Fohlen nicht in den Stall gebracht zu werden, sondern können Tag und Nacht draußen bleiben, wenn dies wünschenswert erscheint.

Bevor man mit dem Absetzen beginnt, werden alle Stuten und Fohlen zusammen auf eine Koppel gebracht, damit sich die Fohlen kennenlernen und an ihre Umgebung gewöhnen. Dafür sind zwei Wochen anzusetzen. Ob die Pferde abends hereingeholt werden oder Tag und Nacht draußen bleiben, spielt keine Rolle. Vor dem Absetzen müssen alle Zäune überprüft und gesichert werden. Auch die zweite Koppel, auf die die Stuten nach dem Absetzen gebracht werden - sie muß außer Sicht- und Hörweite der Fohlenkoppel liegen - muß auf ihre Sicherheit überprüft werden.

Mit dem Absetzen beginnt man stets am Morgen und nur an solchen Tagen, an denen genügend Personal zur Verfügung steht, um die gerade abgesetzten Fohlen und die Stuten im Auge zu behalten. Zuvor legt man sich schon einen genauen Plan zurecht. Unruhige oder unleidliche Stuten werden zuerst auf die andere Koppel gebracht. Am ersten Tag nimmt man zwei Stuten zusammen heraus und bringt sie auf die zuvor ausgesuchte Koppel. Danach wird jeweils eine Stute herausgenommen, wobei man die ruhigste und verträglichste Stute bis zuletzt bei den Fohlen läßt. Mehr als zwei Fohlen auf einmal sollte man nicht absetzen, weil sonst die Unruhe durch mehrere nach ihren Müttern suchende Fohlen auf derselben Koppel zu groß wird. Damit hätte die Übung ihren Sinn verloren.

Falls die Herde ausschließlich auf der Weide gehalten wird, werden an dem zum Absetzen bestimmten Morgen die zwei Stuten aus der Herde herausgefangen und auf ihre weit entfernte Koppel gebracht, während die Fohlen mit ihren Freunden zurückbleiben. Werden die Pferde dagegen über Nacht hereingeholt, läßt man sie am Morgen wie gewöhnlich hinaus, hält die beiden Stuten mit ihren Fohlen jedoch noch zurück. Sie werden als letzte aus der Box und zur Koppel geführt, aber am Tor läßt man nur die Fohlen zu ihren Spielkameraden, während die Mutterstuten weggeführt werden. Man läßt die Fohlen erst los, wenn die Stuten restlos außer Sichtweite sind. Es ist gut, wenn ein dritter Helfer hinter den Stuten hergeht und sie notfalls antreibt, wenn sie versuchen stehen zu bleiben. Außerdem müssen Stuten und Fohlen solange unter Beobachtung gehalten werden, bis sie sich beruhigt haben.

Die zwei Absetzer galoppieren meist ein paarmal am Zaun entlang, bevor sie sich zu ihren Freunden gesellen und anfangen zu grasen und zu spielen wie sonst auch. Nie nähern sie sich einer fremden Stute, und nach ein bis zwei Stunden haben sie sich gewöhnlich vollständig beruhigt.
Nach etwa drei Tagen kann die nächste Stute abgesetzt werden, und so verfährt man weiter, bis nur noch eine Stute übrig ist.

Diese kann je nach Wunsch noch einige Wochen bei den Fohlen verbleiben oder nach einigen Tagen ebenfalls abgesetzt werden (siehe Foto Nr. 9).

Es ist besser, wenn man für das Absetzen die Herde nicht so groß zusammenstellt. Zehn Stuten sind am besten zu bewältigen, obwohl auch eine größere Anzahl ohne wirkliche Gefahr zu handhaben ist.

Werden die Pferde nachts hereingebracht, müssen die Absetzer unbedingt wie gewohnt hereingebracht und in ihre alten Boxen gestellt werden, damit sich an ihrem gewohnten Tageslauf so wenig wie möglich ändert. Ganz wichtig ist auch, daß die vor dem Absetzen gegebene Futtermenge nach dem Absetzen unbedingt beibehalten wird, da es sonst zu größeren Entwicklungsstörungen kommen kann.

Eine besondere Behandlung der Stuten nach dem Absetzen ist nicht erforderlich. Außer bei sehr nasser und kalter Witterung bleiben sie am besten Tag und Nacht draußen, weil sich die überschüssige Milch durch das Umherwandern am schnellsten zurückbildet. Verbringen sie die Nacht im Stall, erhalten sie nur Heu und Wasser, damit die Milch schneller versiegt. Das Euter sollte in den kommenden drei bis vier Tagen kontrolliert und gegebenenfalls bei sehr prallem Gesäuge etwas ausgemolken werden (einmal am Tag). Das Einreiben mit Paraffinöl hat sich bewährt, damit die Euterhälften geschmeidiger bleiben.
Die Natur arbeitet nach dem Prinzip von Angebot und Nachfrage. Wenn die Nachfrage nach Milch aufhört, sorgt sie dafür, daß auch die Milchbildung aufhört. Bei einer Mastitis, einer Euterentzündung, ist das Euter meist heiß und geschwollen, wobei sich die Schwellungen nach vorn auf die Bauchwand und nach hinten zwischen die Hinterbeine ausdehnen können. Meist geht die Stute steif und oft verweigert sie die Futteraufnahme. Entnimmt man dem Euter ein wenig Milch, so ist sie dick und klumpig. Es ist besser, den Tierarzt zuzuziehen, weil vielleicht eine Behandlung mit Antibiotika angezeigt ist. Wird eine Mastitis nicht behandelt, können die erkrankten Euterpartien ihre Funktionsfähigkeit einbüßen.

2. Die traditionelle Methode.

Bei diesem System bringt man den Absetzer in eine geräumige Box und die Stute auf eine gut eingezäunte Koppel außer Hörweite des Fohlens, wie oben bereits beschrieben.

Die Box muß so geräumig sein, daß sich das Fohlen darin Bewegung verschaffen und nicht festlegen kann. Den Tränkeimer hängt man hoch, und etwaige sonst verwendete Heunetze werden entfernt, bis sich das Fohlen beruhigt hat. Auch danach hängt man sie so hoch wie möglich auf, weil junge Pferde beim Herumspielen sehr leicht mit einem Huf in einem losen Heunetz hängenbleiben. Die in diesem Buch beschriebene Krippe ist wahrscheinlich die ungefährlichste und praktischste für alle Arten von Pferden.

An Einstreu darf in diesem Augenblick nicht gespart werden, damit sich das Fohlen nicht verletzen kann. Der Dung kann jeden Tag herausgeholt werden, ohne daß in den paar Tagen, bis das Fohlen wieder hinaus darf, unbedingt die ganze Box ausgemistet werden muß.

Meist wird es Spätsommer oder Frühherbst, bis die Fohlen abgesetzt werden; es kann also sehr heiß sein. Am besten versieht man den oberen Teil der Boxentür mit einem Drahtgitter, damit das Fohlen genug Frischluft erhält und doch nicht hinausspringen kann. Solch ein Drahtgitter kann man leicht selbst herstellen. Man macht einen einfachen Holzrahmen in der Größe des Türflügels und nagelt einen engmaschigen Draht (etwa 1 cm) darüber. Das Gitter wird an den Türangeln und -riegeln festgebunden.

Auf keinen Fall dürfen Absetzer in verdunkelte Boxen gesperrt werden. Manche Leute schließen die Boxentür komplett und verhängen die Fenster, weil sie glauben, daß sich die Fohlen im Halbdunkel schneller beruhigen. Viel wahrscheinlicher bringt man den Fohlen aber nur solche Untugenden wie Krippensetzen und Weben bei; zu empfehlen ist diese Methode keineswegs.

Wenn das Fohlen abgesetzt werden soll, bringt man Stute und Fohlen zusammen von der Koppel in die vorbereitete Box. Man streift der Stute eine Trense über und führt sie mit Hilfe einer dritten Person aus der Box. Das Fohlen bleibt allein in der Box zurück, deren beide Türflügel geschlossen werden. Am besten geht ein Helfer hinter der Stute her, während man sie zur Koppel führt, damit sie nicht plötzlich anhält und versucht zurückzulaufen.

Man kann mehrere Stuten gleichzeitig absetzen und zusammen auf die Koppel bringen. Wird nur eine Stute abgesetzt, muß man ihr wenigstens in der ersten Woche, bis sie sich vollständig beruhigt hat, einen geeigneten ruhigen Gefährten mitgeben.

Man läßt die Stuten auf der Koppel frei und bleibt am Tor stehen, bis sie sich beruhigt haben und zu grasen beginnen. Das kann eine Stunde dauern, manchmal auch noch länger. Danach kann man ruhig zurückgehen und sich um die Absetzer kümmern. An einem heißen Tag sollten die oberen Türflügel - mit dem Drahtgitter - geöffnet werden. Die Fohlen können gefüttert werden - es muß jedoch haargenau die gleiche Ration sein, die sie vor dem Absetzen bekamen.

Nach etwa zwei bis drei Tagen läßt man die Fohlen auf eine gut eingezäunte Koppel, wo sie sich bewegen können, aber unter Aufsicht sind. Hat man nur ein Fohlen abgesetzt, sollte man sich nach einem ruhigen Gefährten umsehen, vorzugsweise in der gleichen Größe. Steht kein Spielkamerad zur Verfügung, läßt man das Fohlen jeweils nur kurze Zeit auf der Koppel und beobachtet es während dieser Zeit sorgfältig. Fohlen haben überhaupt keine Angst und keinerlei Vorstellung von ihren Fähigkeiten. Das kann manchmal tödlich sein, denn sie trauen sich oft an Zäune, Hecken oder Tore, an die ein normales Pferd, dem sein Leben lieb ist, nie herangehen würde.

Absetzer müssen die ersten zwei bis drei Wochen nach dem Absetzen nachts hereingeholt werden. Für die erste Nacht draußen wartet man eine warme, trockene Nacht ab, damit sich die jungen Tiere nach dieser Zeit nicht so leicht erkälten können.

3. Paarweises Absetzen.

Manche Leute schwören darauf, Fohlen nur paarweise abzusetzen und jeweils zusammen in einer Box zu halten. Das hat den Vorteil, daß sich die Fohlen meist schneller beruhigen als nach der traditionellen Methode. Sie müssen jedoch praktisch ein zweites Absetzen durchmachen, wenn sie später voneinander getrennt werden. Ein weiterer Nachteil ist, daß ein Fohlen fast zwangsläufig die Führungsrolle übernimmt, so daß wahrscheinlich des andere bei der Futteraufnahme benachteiligt ist, wenn man nicht Futter in beliebiger Menge zur Verfügung stellt oder sie während der Fütterung ständig kontrolliert.

Auf manchen Gestüten wird auch die Methode praktiziert, Metallgitter in die Trennwände zwischen den Boxen einzuziehen, so daß sich die Pferde jederzeit sehen können.

Bei unter natürlichen Bedingungen lebenden Pferden wird das Fohlen gewöhnlich mit etwa einem Jahr abgesetzt, kurz bevor das nächste Fohlen auf die Welt kommt. Bei Pferden, die zu bestimmten Zwecken gezüchtet werden, z. B. für Ausstellungen oder den Verkauf, ist das nicht sehr praktisch. In diesen Fällen müssen die Fohlen von den Stuten getrennt werden, damit man sie in Fütterung und Haltung auf ihre zukünftige Rolle, die Ausstellungen oder Auktionen, vorbereiten kann.

Manchmal besteigen Hengstfohlen schon mit einem Monat ihre Mütter, aber normalerweise schachten sie erst mit etwa drei Monaten aus. Die Geschlechtsreife erreichen die Junghengste mit etwa 16 - 24 Monaten, die Zuchtreife erst mit 24 - 36 Monaten. Man trennt die Hengstabsetzer aber schon mit etwa neun Monaten von den Stutfohlen, weil ihre Spielgewohnheiten so viel rauher sind, daß es nur zu leicht zu Unfällen kommt.

DIE FÜTTERUNG VON JUNGPFERDEN

Das alte Sprichwort von den Wegen, die alle nach Rom führen, hat auf dem Gebiet der Pferdefütterung besondere Gültigkeit. Die meisten erfahrenen Züchter haben ihre erprobten Methoden, von denen sie wissen, daß sie in ihrem Betrieb die besten Erfolge damit erzielen. Am besten beschreibe ich also meinen eigenen "Weg nach Rom" und lasse den Leser bzw. die Leserin selbst über den Weg entscheiden, den er oder sie einschlagen will.

Der wichtigste Einzelfaktor, den man beachten muß, wenn man sich an die Aufstellung von Aufzuchtplänen macht, ist die Bodenbeschaffenheit und das Klima. Auf armem Boden, wo das Gras in Trockenzeiten verbrennt, kann man nur durch kostspielige Konzentrate die gleichen Ergebnisse erzielen wie ein Züchter, der in einem milden Klima mit viel Regen auf gutem Boden sitzt. Der Züchter, der Pferde oder Ponys speziell für den Verkauf oder zur Vorführung auf Ausstellungen züchtet, zielt darauf ab, ein möglichst frühreifes, gut gewachsenes Tier zu produzieren, das sich vorteilhaft von seinen Konkurrenten abhebt und sofort die Augen der Richter und der Käufer auf sich zieht. Schwierigkeiten bei der Erreichung dieses Zieles (Gefahr von Vergrößerungen im Vorderfußwurzelbereich, in den Sprung- oder Fesselgelenken (siehe Abbildung 7) lassen sich nur vermeiden, wenn der Züchter es versteht, den Fleischansatz mit der Skelettbildung und dem Knochentyp jedes einzelnen Tieres in Einklang zu bringen.

Um innerhalb der Richtlinien, die zur Erzielung eines optimalen Erfolgs unter normalen Bedingungen erarbeitet wurden, Futtermengen eigenverantwortlich zusammenstellen zu können, bedarf es gewisser Kenntnisse von der Wissenschaft des richtigen Fütterns. Für Züchter, die weder Zeit noch Lust haben, ihre Futtermengen selbst zusammenzustellen, bieten verschiedene Hersteller Fertigfutter an, das für jedes Stadium und jede Verfassung eines Pferdes die jeweils richtige Zusammensetzung enthält, vom Fohlenalter über den Absetzer bis zum Renn- oder Jagdpferd, Kinderpony usw. Der Züchter braucht sich nur die Anweisungen des Herstellers zu besorgen und sich wortwörtlich daran zu halten.

Für diejenigen Züchter, die entweder aus Sparsamkeit oder Freude an der Sache gern selbst zusammengestelltes Futter verfüttern, möchte ich mich aber doch noch etwas ausführlicher mit diesem Thema beschäftigen. Um richtig füttern zu können, muß man wenigstens Grundkenntnisse vom Verdauungsapparat des Pferdes besitzen (siehe Abbildung 9). Wie gut ein Futter verdaut und aufgenommen wird, hängt von der Geschwindigkeit ab, mit der es durch diesen Verdauungstrakt befördert wird.

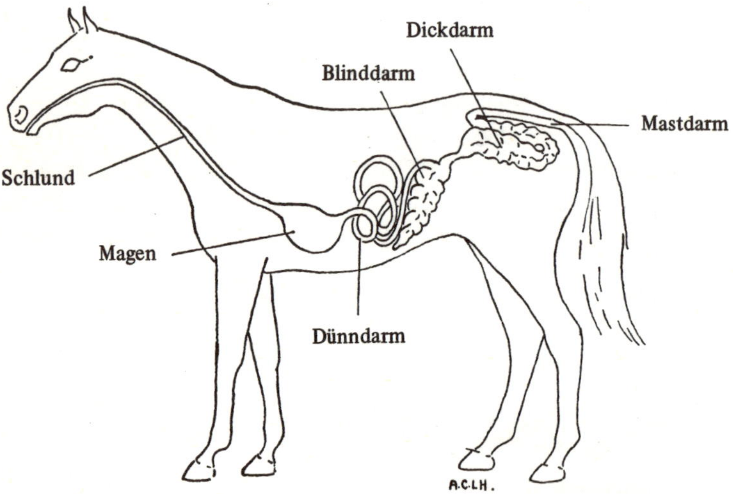

Abbild. 9 Verdauungssystem

Durchschnittlich braucht jegliches Futter etwa 24 Stunden, bis es den gesamten Verdauungstrakt durchlaufen hat. Meist hat das Futter aber nach etwa zwölf Stunden den Magen und den Dünndarm passiert. Im Dünndarm wird der Hauptteil der Proteine, Kohlenhydrate, Fette und Mineralstoffe absorbiert.

Daraus folgt, daß das Futter um so schlechter ausgenützt wird, je größer die Menge ist, die bei einer Fütterung diesen Bereich passiert. Es ist also besser, den Pferden häufig kleinere Mengen zu füttern. Die im Dickdarm lebenden Bakterien verarbeiten die im Futter enthaltenen Faserstoffe zu flüchtigen Fettsäuren, die dann aufgenommen werden. Proteine, die nicht zuvor in ihre Aminosäure-Bestandteile aufgespalten wurden, werden, sobald sie in den Dickdarm kommen, von den Bakterien für deren Reproduktion verwendet. Diese wiederum bilden für das Pferd eine weitere Proteinquelle oder werden mit dem Kot ausgeschieden. Bekanntlich können sehr junge Pferde, deren Darmflora noch nicht entwickelt ist, nicht-proteinhaltigen Stickstoff (Harnstoff) nicht ausnützen, weshalb die Verfütterung von Harnstoffplätzchen an junge Pferde eine pure Verschwendung von Zeit und Geld ist. Da die Mikroben im Dickdarm leben und die meisten Proteine im Dünndarm verdaut werden, kann man daraus schließen, daß Pferde nur hochwertige Proteine erhalten dürfen.
Protein besteht aus einer Reihe verschiedener Aminosäuren und ist wichtig für den Gewebeaufbau. Eine Erhöhung des Proteingehaltes im Futter kommt daher für junge, im Wachstum begriffene Tiere und für tragende Stuten in der letzten Zeit vor dem Abfohlen in Frage, nicht aber für Arbeitspferde, für die der Kraftfutteranteil wesentlicher ist. Man darf die Pferde jedoch auch nicht mit Protein überfüttern. Der Proteinbedarf (auf der Basis des Trockengewichtes) wird wie folgt geschätzt:

Fohlen	20 % Protein im Futter
Jährlinge	14 % Protein im Futter
Zwei- und Dreijährige	10 - 12 % Protein im Futter

Die Proteine müssen von bester Qualität sein und sich aus möglichst vielfältigen Futterstoffen zusammensetzen, damit ein möglichst großer Bereich von Aminosäuren mit der Nahrung erfaßt wird.
Solange Fohlen mit natürlichem Futter aufgezogen werden, wird es kaum zu einem Proteinmangel kommen. Ausgeprägte Proteinmangelerscheinungen kommen normalerweise nur bei sehr schnell wachsenden Spezies (z. B. Ratten) vor. Junge Pferde, die nicht genügend Protein erhalten, gedeihen jedoch weniger gut als solche mit optimaler Ernährung.

Wie schon gesagt, wird Protein in Aminosäuren aufgespalten und als tierisches Protein wieder aufgebaut. Unerwünschte Aminosäuren werden mit dem Urin oder Kot ausgeschieden. Es gibt wichtige und weniger wichtige Aminosäuren, und manche sind absolut lebenswichtig, z. B. Lysin und Methionin. Sie sind in Frühjahrsgras und anderen proteinhaltigen Futtermitteln wie z. B. Sojamehl enthalten. Minderwertiges Heu, Hafer und andere Getreidesorten enthalten diese Proteine in geringeren Mengen. Bei Mangel an hochwertigen proteinhaltigen Futtermitteln kann man durch Zusatzfutter, in dem diese wesentlichen Aminosäuren enthalten sind, bessere Wachstumsergebnisse erzielen.
In den ersten Wochen nimmt ein Fohlen nicht viel feste Nahrung zu sich, sondern ernährt sich fast ausschließlich von Muttermilch. Man hat errechnet, daß diese Periode maximalen Wachstums etwas über 1/2 Pfund verdauliches Protein pro Pfund zusätzlichem Körpergewicht erfordert, das ausschließlich durch die Muttermilch geliefert wird. Die Darmflora im Dickdarm ist noch nicht entwickelt, wenn das junge Fohlen zu fressen beginnt, es sollte daher nur hochwertiges Futter zu sich nehmen, das Proteine in leicht verdaulicher Form enthält. Dadurch gelangt kein unverdautes Protein in den Dickdarm, worin man eine mögliche Ursache für Durchfälle vermutet (Fohlenrosse).

Außer Proteinen muß das Futter jedoch auch Fette und Kohlenhydrate enthalten. Sie erhalten den Körper bei Kräften und liefern Energie. Die wichtigsten Energielieferanten sind die Kohlenhydrate, die auch für die Körperwärme verantwortlich sind. Kohlenhydratmangel hat Wachstumsstörungen, Gewichts- und Konditionsverlust zur Folge. Sie sind hauptsächlich im Getreideanteil enthalten und dienen der Energielieferung. Jedes Zuviel wird in Fett umgesetzt oder ausgeschieden. Um eine bessere Ausnützung des Getreides zu gewährleisten und unnötiger Vergeudung vorzubeugen, müssen (besonders bei älteren Pferden) die Körner geschrotet, gequetscht oder gekocht werden.

Faserstoffe sind auch für Pferde wichtig, allerdings weniger als für Wiederkäuer. Junge Pferde und solche, die auf Schnelligkeit hin gearbeitet werden, sollten jedoch Futter erhalten, dessen Kohlenhydratanteil einen geringen Fasergehalt aufweist. Bei Stallhaltung gibt man erstklassiges Heu vom ersten Schnitt, das möglichst jung gemäht worden ist.

Mineralstoffe sind für jedes Pferd wichtig und normalerweise in ausreichender Menge in der Nahrung enthalten; es kann jedoch trotzdem zu Mangelerscheinungen kommen. Am häufigsten kommt eine Unausgewogenheit im Kalzium/Phosphorverhältnis bei Fohlen und jungen Pferden allgemein vor. Die Folge davon können aufgetriebene Gelenke (siehe Kapitel 3) sein. Das Phosphorverhältnis darf das Kalziumverhältnis nie übersteigen. Die unterste Grenze dieses Verhältnisses ist 1,1 : 1,0, die oberste - bei Verdacht auf Kalziummangel - 3 : 1,0, günstig ist etwa 1,5 : 1. Der Tierarzt kann durch Blutproben, die im Labor untersucht werden, jedes größere Mißverhältnis unter den Mineralstoffen feststellen. Manche Pferdefutter-Hersteller bieten ihren Kunden diese Blutproben als kostenlosen Service an. Ein Zusatz von täglich einem Eßlöffel Kalziumkarbonat, Kalziumlaktat oder Kalziumglukonat ist für alle jungen Pferde grundsätzlich zu empfehlen. Kalziumlaktat und Kalziumglukonat werden schneller absorbiert als Kalziumkarbonat, sind aber auch viel teurer. In den meisten Pflanzen ist Phosphor in großen Mengen enthalten, leider aber nicht immer in leicht verdaulicher Form. Kleie z. B. hat einen sehr hohen Phosphorgehalt (Verhältnis 1 : 9,3).

Zur Assimilierung von Kalzium wird Vitamin D (das Sonnenschein-Vitamin) benötigt, so daß sich ein Mangel an Vitamin D in einem entsprechenden Kalziummangel äußert. Zusätzliche Gaben von Vitamin D können deshalb während der Wintermonate oder wenn ein Pferd aus irgendeinem Grund längere Zeit im Stall bleiben muß, erforderlich sein. Vitamin A steht in der Natur im Karotin zur Verfügung, das im Gras und in gutem Heu enthalten ist; Vitamin-A-Mangel kann nur entstehen, wenn Pferde überhaupt kein Grünfutter bekommen. Eine Überfütterung mit zusätzlichem Vitamin A kann Schaden anrichten. Manche Züchter glauben, daß Vitamin E die Fruchtbarkeit günstig beeinflußt. Es ist in Pulverform auf dem Markt und kann leicht unter das Futter gemischt werden, ist aber sehr teuer. Vitamine kann man injizieren oder unters Futter mischen, wobei die zweite Methode weniger kostspielig ist und weniger leicht zu Überdosierung führt.

Zusammenfassung: Unter der Voraussetzung, daß das verabreichte Futter in Menge und Qualität allen Ansprüchen genügt, ist es zumindest fraglich, ob irgendwelche Zusätze noch Vorteile bringen.

Die praktischen Aspekte der Fütterung beruhen auf den bereits geschilderten Theorien, die sich den jeweiligen Gegebenheiten eines Zuchtbetriebes (vorhandenes Futter, Fütterungsmethode) anpassen lassen.

Bei Stallhaltung sollte allen Pferden jedoch immer ein Leckstein zur Verfügung stehen, der sie bei Bedarf mit allem Nötigen versieht.

Bei den gegenwärtigen hohen Futterpreisen lohnt es sich, über die Möglichkeit nachzudenken, Heu, Stroh und Korn in großen Mengen zur kostenmäßig günstigsten Zeit direkt vom Erzeuger zu kaufen. Das bedeutet, daß man ein halbes Jahr oder noch länger, bevor das Futter benötigt wird, im großen einkauft, wobei man allerdings über die entsprechenden Lagermöglichkeiten verfügen muß. Dafür hat man auch einen größeren Futtervorrat zum festen Preis, was in den letzten Wintern durchaus der Mühe wert war.
Korn muß in rattensicheren Kästen oder Gebäuden aufbewahrt

werden; in Plastiksäcken darf man es nicht längere Zeit stehen lassen, da es sonst infolge der schlechten Belüftung schnell schimmlig wird. Haferkisten aus Metall sind vermutlich die beste Investition. Man benötigt mehr als eine Kiste, weil jede Kiste erst völlig leer sein muß, bevor sie neu gefüllt wird. Sonst sinkt das neue Korn in der Mitte ein, während altes Korn an den Seiten zurückbleibt, das mit der Zeit zum idealen Nährboden für Ungeziefer wird. Wenn man die Möglichkeit haben will, auch frisches Korn direkt vom Feld einzufahren und an Ort und Stelle zu trocknen, installiert man gleich noch ein Gebläse.

Die Kisten oder Behälter können so angebracht werden, daß sie direkt über der Haferquetsche stehen oder mit einer Körnerschnecke zur Haferquetsche transportiert werden können. Hafer füttert man erst im Jahr nach der Ernte, am besten überhaupt erst nach einer Lagerzeit von einem Jahr. Ackerbohnen müssen auf jeden Fall ein Jahr gelagert haben, ehe man sie verfüttert.

Für junge Pferde kommt nur Futter allererster Qualität in Frage. Am wichtigsten ist dieser Grundsatz bei Heu, das gut getrocknet, jung und vom ersten Schnitt sein und aus Raigras gemischt mit rotem Klee bestehen sollte. Gut gemachtes Luzerneheu ist ebenfalls ideal für junge Pferde, da es sehr proteinhaltig ist und viel Kalzium enthält. Schlecht geerntetes Luzerne- oder Kleeheu dagegen ist ungeeignet, weil es sehr staubt und Schimmelsporen enthält, die zu Dämpfigkeit führen können. Wenn das Heu selbst gemacht oder direkt von der Wiese eingebracht wird, lohnt es sich, einen Heutrockner in der Scheune zu installieren, so daß, soweit möglich, eine gleichbleibende Heuqualität gewährleistet ist. Heu sollte frühestens nach Weihnachten des gleichen Jahres verfüttert werden. Zu junges Heu führt bei jungen sowohl wie älteren Pferden zu Verdauungsschwierigkeiten.

Als Einstreu empfiehlt sich gutes, sauberes Roggen- und Weizenstroh. Gerstenstroh verursacht manchmal Juckreiz, so daß sich die Pferde Mähnen und Schweif aufscheuern. Das Aussehen kann dadurch so beeinträchtigt werden, daß es sich auf den Verkaufspreis oder die Ausstellungsprämien negativ auswirkt, zumindest in dieser Saison.

Korn kann man auch im ganzen kochen, bevor man es verfüttert, statt es zu quetschen oder zu schroten. Man kann ganze Gerste mit Leinsamen aufkochen und für Tiere mit hohem Proteinbedarf noch ganze Ackerbohnen zusetzen. Das Mischungsverhältnis ist:

1/2 Pfund Gerste
60 g Ackerbohnen — pro Pferd und Tag
30 g Leinsamen

Dies mischt man mit einem Teil Kleie und sechs Teilen Hafer zu der Menge, die jedes Pferd individuell benötigt. Auch Sojamehl kann zugemischt werden, und zwar etwa 150 g pro Tag für Absetzer bis zu (maximal) 1 Pfund pro Tag für Jährlinge oder ältere Pferde mit hohem Proteinbedarf. Es ist sehr ergiebig, wenn man es unter das Futter mischt. Auch rohe Eier können mit Maßen für Fohlen verwendet werden. Man rührt sie unter angerührtes Milchpulver und schüttet beides über das Futter, um es anzufeuchten. Wenn man Milchpulver unangerührt unter das Futter mischt und dann anfeuchtet, entsteht eine Art Paste, die nicht sehr wohlschmeckend ist. Bei Mashfütterung, besonders bei solchen, die Milchpulver enthalten, müssen Eimer und Krippen jeden Tag gereinigt werden. An den Wänden klebende Reste werden schnell schlecht und verunreinigen auch frisches Futter, das mit ihnen in Berührung kommt.

Wenn man den Protein- und Kleiegehalt des Futters erhöht, darf man nie vergessen, auch den Kalziumgehalt entsprechend anzuheben.

Maisflocken (mit ihrem hohen Stärkegehalt) dienen dem Fleischansatz und lockern das Futter auf, machen es damit schmackhafter.

Bei Saugfohlen ist darauf zu achten, daß sie auch ihren Anteil am Futter erhalten. Gierige Stuten erhalten eine eigene Krippe oder werden nötigenfalls während der Fütterung angebunden. Man kann auch eine Fohlenkrippe aus Metall (siehe Abbil-

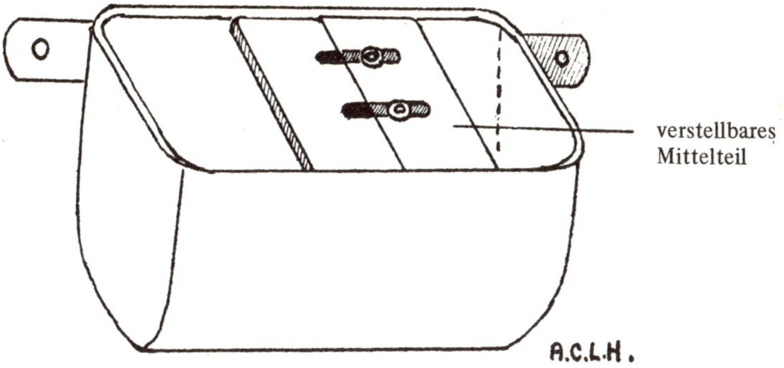

Abbild. 10 Mit der Fohlenkrippe aus Metall können Fohlen vor dem Absetzen gefüttert werden, ohne daß die Mütter sie vom Futter verdrängen können.

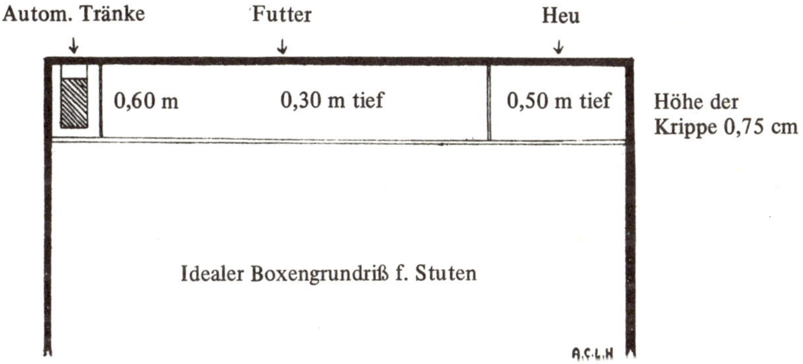

Abbild. 11 Idealer Boxengrundriß für alle Arten von Pferden und Ponys. Mindestfläche für Ponys: 3 x 3,6 m, für Pferde: 3,6 x 3,6 m.

dung 10) benutzen, die neben der Futterkrippe angebracht werden kann.

Abbildung 11 zeigt die ideale Box für Zuchtstuten. Die Futterkrippe ist so breit, daß das Futter breit gestreut werden kann, so daß auch die Fohlen ohne allzu viel Konkurrenz von seiten ihrer Mütter fressen können. Das Heuabteil faßt einen 3/4 Ballen

Heu und ist so tief, daß es nicht allzu sehr verstreut wird. Es ist für Fohlen aller Altersgruppen leicht zugänglich, während Heuraufen und Netze immer den Nachteil haben, daß nur die größten Fohlen hinaufreichen, wenn sie ordnungsgemäß so hoch angebracht sind, daß sie keine Gefahr mehr darstellen.

Wenn das Wetter warm genug ist, können Fohlen im Alter von zwei Monaten an die Nacht im Freien verbringen. Das gilt für Vollblüter, Araber und Warmblüter; Robustpferde und Ponys bleiben meist von Geburt an im Freien. Fohlen und Jährlinge mit viel Blut brauchen bei Weidehaltung eine zusätzliche Fütterung, es sei denn, das Gras wäre überdurchschnittlich gut. Entweder bringt man sie einmal am Tag zur Fütterung herein, oder sie werden auf der Koppel gefüttert.

Damit so wenig Futter wie möglich vergeudet wird, darf es nicht auf den Boden gelangen, und die Krippe oder der Trog müssen solide genug sein, daß sie nicht gleich umfallen. Ideal ist ein hölzerner Futtertrog von 3 m Länge und etwa 75 cm Höhe. Metallbeschlag an den Kanten schützt vor Beknabbern. Die Tröge müssen einige Meter voneinander entfernt stehen, damit es keinen Streit gibt. Saugfohlen stellen sich gern ihren Müttern gegenüber auf, weil sie dann am wenigsten weggejagt werden.

Ponystuten neigen oft zu Hufrehe, und der Züchter steht dann vor dem Problem, wie er die Fohlen füttern kann, ohne daß die Stuten etwas abbekommen. Die Lösung ist eine Fohlenkrippe, die man selbst auf der Weide bauen kann. Man errichtet um einen Trog einen Zaun, der gerade noch hoch genug ist, daß zwar die Fohlen darunter durchkriechen können, nicht aber die Stuten. Damit können die Fohlen getrennt gefüttert werden.
Für jeden Lebensmonat sollte ein Fohlen etwa ein Pfund Futter fressen, das heißt, wenn sie mit etwa sechs Monaten abgesetzt werden, sollten sie - ohne Heu - etwa sechs Pfund Futter am Tag erhalten. Die Futterzusammensetzung darf während des Absetzens auf keinen Fall geändert werden. Es hat sich als praktisch erwiesen, das Fohlen vor dem Absetzen an Milchpulver und rohe Eier zu gewöhnen, falls vorhanden. Dadurch kann der Verlust der Muttermilch ausgeglichen werden. Milchpulver kann

England

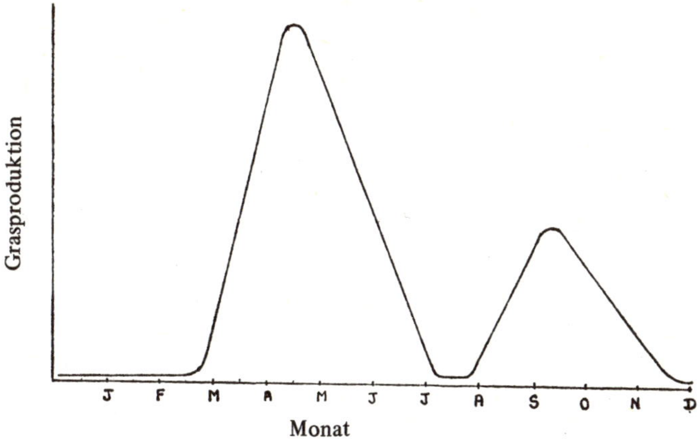

Irland

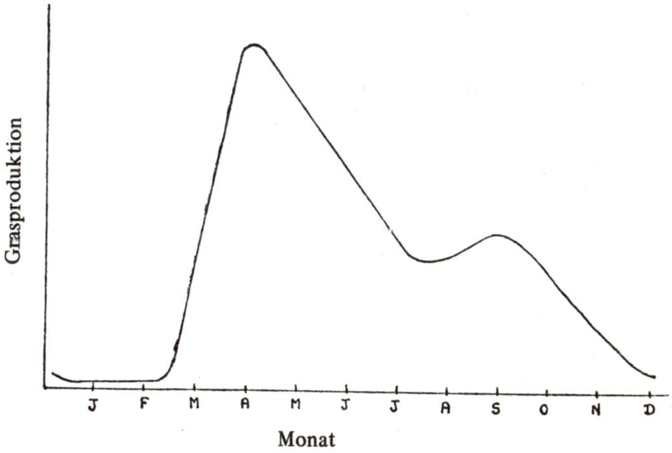

Abbild. 12 Graphische Darstellung der jährlichen Grasproduktion. Hier als Beispiel in England und Irland. Der Einschnitt zwischen Juli und August auf der Karte ist meist eine Folge der Trockenheit.

solange ein fester Bestandteil der Fohlennahrung sein, bis im nächsten Jahr das neue Gras zur Verfügung steht. Die Kunst der richtigen Fütterung junger Pferde besteht zu einem Teil darin, das Futter jeweils nach der Qualität des verfügbaren Grases zusammenzustellen, und zwar ausgehend vom Frühjahrsgras, das das ideale Futter schlechthin darstellt. Solange junges Gras in ausreichender Menge vorhanden ist, braucht nicht zugefüttert zu werden; wenn das Gras jedoch im Verlauf des Jahres an Wert verliert, muß man durch zusätzliche Fütterung versuchen, eine gleichmäßige Wachstums- und Entwicklungsrate aufrechtzuerhalten. Abbildung 12 zeigt die jährliche Grasproduktion in England und Irland. Zu beachten ist, daß der Herbstschnitt weniger Protein und mehr Faserstoffe enthält als der Frühjahrsschnitt.

Plötzliche, tiefgreifende Futterumstellungen sind um jeden Preis zu vermeiden, da sie die Darmflora in Unordnung bringen und zu Verdauungs- und Stoffwechselstörungen führen, die wiederum Krankheiten wie z. B. aufgetriebene Gelenke zur Folge haben können. Am häufigsten kommt dies beim Absetzen vor und wenn man ernsthaft erkrankte Tiere arbeitet.

Frisches Wasser muß jedem Pferd jederzeit zur Verfügung stehen. Wassereimer, Schwingen und Tröge müssen regelmäßig gereinigt und die Krippen jederzeit peinlichst sauber gehalten werden. Ecktröge (siehe Abbildung 13), die sich leicht herausheben lassen, erleichtern die Sauberhaltung.

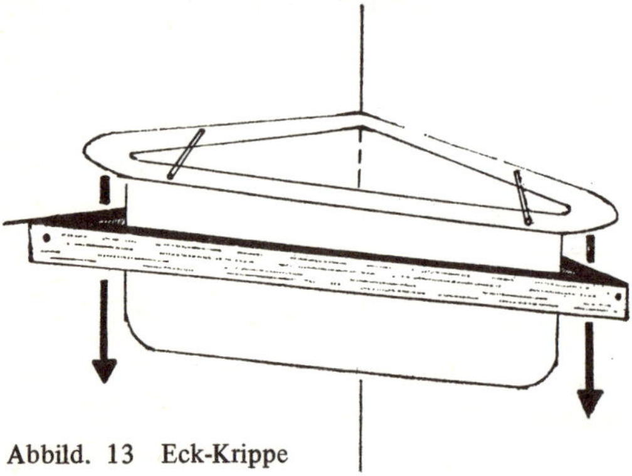

Abbild. 13 Eck-Krippe

DIE HALTUNG VON ABSETZERN UND JUNGEN PFERDEN

Es ist heutzutage so teuer geworden, sich ein Pferd zu halten, daß nur noch für ganz gesunde, gut gebaute und hübsche Tiere hohe Preise gezahlt werden. Soweit es sich um Zuchttiere handelt, müssen sie auch noch eine gute Abstammung haben. Alles, was in einem dieser Punkte nicht erstklassig ist, verkauft sich kaum oder überhaupt nicht. Angesichts eines so wählerischen Marktes ist es mehr denn je zu einer exakten Wissenschaft geworden, junge Pferde so zu züchten, daß man sie auch verkaufen kann, und der wichtigste Einzelfaktor ist die Beachtung auch noch des geringsten Details.

Es ist eine Tatsache, daß niemand sich so sorgfältig um die Tiere kümmert, wie der Besitzer selbst, aber da der Besitzer nicht überall sein kann, ist gutes Personal ein absolut unabdingbarer Faktor. Das bedeutet, daß persönliches Interesse an den Tieren kultiviert werden muß, was meist in Form eines Bonus vom Verkaufspreis oder von Ausstellungsprämien geschieht. Anders braucht man heutzutage gar nicht erst mit der Zucht von Verkaufspferden zu beginnen.

Bei der Planung eines Zuchtbetriebes mit dem Ziel, Jährlinge für den Verkauf zu züchten, sollte die Errichtung eines "Jährlingsblocks" in Erwägung gezogen werden. Er kann aus einer Reihe von besonders ausgestatteten Boxen in geschützter Lage bestehen, die etwas entfernt von den Hauptgebäuden liegen und mit leicht zu erreichenden, gut eingezäunten, geschützten und ebenen Koppeln (siehe Kapitel 1) verbunden sind. Zum Jahresende, das heißt, wenn die Fohlen etwa neun Monate alt sind, werden Hengst- und Stutfohlen getrennt. In diesem Alter werden die Spiele unkastrierter Hengstfohlen so ruppig, daß man sie schon aus Sicherheitsgründen besser ohne die Stutfohlen zusammen auf eine Koppel bringt. Außer den Islandponys, die wahrscheinlich auch bei ausschließlicher Weidehaltung gleich gut gedeihen, holt man alle anderen jungen Pferde nachts in den Stall, zumindest vom Absetzen bis zum nächsten Frühjahr, wenn es auch für sie wieder warm genug ist, Tag und Nacht draußen zu bleiben.

Jährlingshengste werden im Idealfall zwei bis drei Monate vor dem Verkauf einzeln auf getrennten, gut eingezäunten Koppeln gehalten. Für Ausstellungen bestimmte Jährlingshengste werden zur Vermeidung von Verletzungen durch rauhe "Spiele" (siehe Foto Nr. 10) ebenfalls am besten einzeln auf eigenen Koppeln gehalten. Diese müssen gut eingezäunt sein, und zwar hoch genug, um das Pferd vom Springen abzuschrecken und doch auch wieder nicht so solide, daß der Zaun nicht nachgibt, wenn es dies doch einmal versucht. Auch beim Anbringen von Metallbeschlägen an Stangen und Toren ist Vorsicht geboten: sie dürfen nur in kurzen Stücken aufgebracht werden. Ich kenne mindestens einen tödlichen Unfall, der dadurch zustande kam, daß ein Jährling aus der Koppel zu springen versuchte und an der obersten Stange hängen blieb, die unglücklicherweise durch einen langen Metallstreifen geschützt war. Die Stange brach durch, der Metallstreifen aber hielt, so daß der Jährling sich überschlug und das Genick brach.

Am schnellsten wachsen Fohlen im ersten Monat nach der Geburt, aber auch zwischem dem 6. und 12. Monat und nach der Pubertät kommt es zu Phasen schnellen Wachstums. Bei einem normalen, im Frühjahr geborenen Fohlen fällt diese mittlere Periode intensiven Wachstums in die Monate Oktober bis April, wenn wenig oder gar kein Gras auf der Koppel wächst und die Jährlinge hauptsächlich ihre tägliche Bewegung in Sand- oder speziellen Trampelkoppeln bekommen. Infolgedessen muß um diese Zeit erstklassiges Zusatzfutter gefüttert werden, wenn die maximale Wachstumsrate des jungen Pferdes nicht unterbrochen werden soll. Besonders wichtig ist das für denjenigen Züchter, der für Ausstellungen oder den Verkauf züchtet.

Infolge der derzeitigen hohen Futterpreise zeichnet sich bei manchen Züchtern die Tendenz ab, die Produktionskosten dadurch zu senken, daß sie sich auf Kosten der weniger gut gezogenen oder weniger gut gebauten Exemplare nur noch auf ihre besseren Tiere konzentrieren. Als Mittel zum Geldsparen ist diese Methode jedoch völlig ungeeignet, denn es heißt Geld verschleudern, wenn man einem Tier weniger zu fressen gibt. Es wäre rationeller, das betreffende Tier gleich zu schlachten oder schon als Fohlen zu verkaufen, statt es als kümmerlichen Jährling anzubieten. Gute Pferde verkaufen sich immer. Wenn man schwächere Tiere schon behält, sollte man sich mehr, nicht weniger, Mühe mit ihnen geben, damit auch sie auf der Auktion einen Käufer finden.

Wachstumsexperimente haben gezeigt, daß schlechter ernährte Tiere ihre besser gehaltenen Gefährten noch einholen können, wenn man sie ebenfalls besser füttert, aber erst nach mindestens einem Jahr. Und man kann sich nicht immer darauf verlassen, daß im Frühjahr und Sommer genügend Grünfutter vorhanden sein wird, um die durch schlechte Winterfütterung entstandenen Mängel auszugleichen. Plötzliche Beschleunigung des Wachstums kann im übrigen ebenfalls zu aufgetriebenen Gelenken führen und ist deshalb zu vermeiden.

Wenn man Jährlinge für den Verkauf oder den Ausstellungsring produziert, zahlt sich der Versuch, mit dem Pfennig zu geizen, nicht aus. Beachtung des kleinsten Details ist von äußerster Wichtigkeit, denn zur maximalen Entfaltung ihrer Anlagen müssen sich die Pferde auf der Auktion oder der Ausstellung in bester Verfassung, unverletzt, mit klaren Beinen und Gelenken und ohne Gangfehler präsentieren. Deshalb sollten die Pferde auch bei ausschließlicher Weidehaltung einmal am Tag eingefangen und untersucht werden, auch wenn man sie nicht zur Fütterung hereinholt. Dies gibt gleichzeitig Gelegenheit, sie an den Umgang mit Menschen zu gewöhnen und sie zu erziehen. Vor allem aber bedeutet es, daß jede zufällige Verletzung, auch die kleinste, entdeckt und nötigenfalls behandelt wird. Außerdem kann man dabei Beine und Hufe überprüfen. Besonders bei hartem Boden sind auch geringfügige Vergrößerungen der Gelenke zu beachten. Solche Pferde müssen hereingeholt und auf weiche Streu gestellt oder auf eine speziell hergerichtete Koppel mit Sand- oder Strohauflage gebracht werden, die von Anfang an für solche Fälle reserviert wurde.

Bevor die Absetzer und Jährlinge zum Verkauf kommen, müssen sie sich gut führen lassen und an den Menschen gewöhnt sein. Sowohl Richter als auch Käufer möchten sie sich genau ansehen, und nichts vergrault einen potentiellen Käufer schneller, als ein nicht zu bändigendes, schlecht erzogenes Pferd, dem er nicht einmal in die Nähe kommen kann. Wenn man Tausende von Mark in die Aufzucht eines Pferdes gesteckt hat, wäre es doch ein Jammer, wenn ein Verkauf sich zerschlagen würde, nur weil man versäumt hat, dem Pferd Manieren beizubringen. Das betrifft besonders Tiere, die auf ruhigen Privatgestüten in der Herde großgeworden und nur an wenige und immer gleiche Gesichter gewöhnt sind, mit denen sie täglich zu tun hatten. Hier muß man sich bemühen, die Pferde auch an Fremde zu gewöhnen. Vielleicht kann irgendein Besucher mit einiger Erfahrung sich einmal kurz mit jedem Fohlen oder Jährling beschäftigen und ihnen wenn möglich auch einmal die Füße aufheben. Man kann sich darüber streiten, ob man Jährlinge daran gewöhnen muß, sich anbinden zu lassen, bevor man sie verkauft. Wenn man sich dafür entscheidet, muß man in jedem Fall sorgfältig darauf achten, daß notfalls das Halfter nachgibt und der Anbindestrick erst an einem Stück Schnur, nicht direkt am Metallring, befestigt ist. Nur dann hat man die Gewähr, daß nicht das Genick des Pferdes als erstes nachgibt, wenn es sich erschreckt und sich dagegenstemmt. Wenn man ein junges Pferd anbindet, darf man es nie allein lassen, weil sonst leicht ein Unfall passieren kann.
Meist hilft es, wenn man dem Pferd ein wenig Futter gibt, wenn es die ersten Male angebunden wird.

Bei jungen Pferden müssen regelmäßig die Hufe nachgesehen werden. Eine zehenenge oder -weite Stellung beeinträchtigt vielleicht nicht die Schnelligkeit eines Pferdes, wohl aber seinen Verkaufspreis oder seinen Erfolg im Ausstellungsring. Außerdem werden die Beine durch jede merkliche Abweichung von der normalen Stellung zusätzlich und ungleichmäßig belastet; es kann auch zum "Streifen" oder Anschlagen der Fesselgelenke kommen, wodurch sich Überbeine entwickeln können. Auf jeden Fall zahlt es sich aus, dem Hufschmied alle jungen Pferde auf hartem, ebenen Boden vorzuführen, damit er sich ihren Gang ansieht, bevor er die Hufe kürzt, was einmal im Monat geschehen sollte. Auf diese Weise wird jede Abweichung sofort bemerkt und korrigiert, bevor sie sich einwurzeln kann (siehe Kapitel 13). Noch wichtiger ist wahrscheinlich die Form der Hufe, und jede Neigung zu Zwang- oder Bockhufen muß rechtzeitig bemerkt und sofort korrigiert werden.

Auf guten Zustand der Mähnen und Schweife ist besonderer Wert zu legen. Fohlenmähnen wachsen zuerst aufrecht nach oben, und dagegen kann man nicht viel machen, bevor die Fohlen etwa vier Monate alt sind. Dann ist das Haar meist lang genug, daß man es nach rechts bürsten kann. Es wird so lange täglich mit einer feuchten Kardätsche bearbeitet, bis es von selbst nach dieser Seite fällt. Will man Fohlen vor dem Absetzen vorstellen oder verkaufen, läßt man die Mähne am besten unfrisiert, so daß sie leicht in die Höhe steht. Dadurch wird die Halslinie verbessert, die in diesem Alter nie besonders gut entwickelt ist.

Pferde - besonders männliche - die miteinader auf die Koppel gehen, entwickeln oft die schlechte Angewohnheit, sich gegenseitig die Mähnen und Schweife abzuknabbern. Der dadurch entstehende teilweise "Bürstenschnitt" ist geeignet, das Aussehen selbst des besten Pferdes entscheidend zu verderben. Mähnen und Schweife müssen deshalb davor geschützt werden, daß die Pferde sie aus Langeweile anknabbern (auch Kühe, die mit Pferden auf die Weide gehen, tun das übrigens mit Vorliebe).

Die wirkungsvollste Abschreckung stellt wahrscheinlich ein Produkt namens Renardine dar, das man in Eisenhandlungen kaufen kann. Es handelt sich um eine Flüssigkeit mit äußerst unangenehmen Geruch, die mit Wasser oder Öl gemischt wird. Am besten reserviert man speziell für diesen Zweck einen alten Eimer und trägt Gummihandschuhe, wenn man die Flüssigkeit aufträgt. Mähnen und Schweife zweimal pro Woche damit eingerieben - und kein Pferd wird mehr einem anderen ein Haar krümmen.

Daß junge Pferde sich Mähne und Schweif scheuern, verhindert es allerdings nicht. Bevor man etwas dagegen unternimmt, muß man erst nach der Ursache forschen. Es gibt Pferde, besonders manche Ponys, die gegen bestimmte, hauptsächlich in den Sommermonaten vorkommende Fliegen allergisch sind. Es bildet sich das sogenannte "Sommerekzem", und die beste Hilfe dagegen besteht darin, die Tiere tagsüber hereinzuholen und ein wirksames Fliegenmittel in den Stall zu hängen.

Wird nur der Schweif gescheuert, können auch Würmer die Ursache sein, besonders die Pfriemenschwänze (Oxyuris equi). Das Weibchen legt seine Eier in der Afterrosette, wodurch ein Juckreiz entsteht, der das Pferd veranlaßt, sich zu scheuern. (Siehe Kapitel 8). Das Scheuern kann auch durch Milbenbefall verursacht werden. Dagegen hilft tägliches Einreiben mit unverdünntem Benzylbenzoat oder Ectimer.

DAS PROBLEM DES PARASITENBEFALLS

"Innere Parasiten"

Würmer sind Parasiten. Ein Parasit ist ein Organismus, der in oder von einem anderen Organismus (in diesem Fall dem Pferd) lebt und sich von seinem Wirtstier ernährt, ohne es aber ganz und gar umzubringen. Zerstört der Parasit seinen Wirt, schadet er nur sich selbst, weil er sich des Platzes beraubt, wo er lebt und sich fortpflanzt. Wenn deshalb ein Tier infolge Wurmbefalls eingeht, handelt es sich um einen schweren Fehler von seiten die Würmer, nicht um einen natürlichen Verlauf der Ereignisse.

Warum also sollten wir uns allzugroße Sorgen um Wurmparasiten machen? Einfach deshalb, weil Pferde, die noch nicht mit Würmern infiziert waren, nicht immun gegen ihre Einwirkung sind, während andere Pferde, die infiziert, aber selbst immun sind, alle anderen Pferde anstecken können, mit denen Sie auf der Weide gehen. Äußere Zeichen für Parasitenbefall sind:

Gewichtsverlust
Konditionsschwäche, schlechtes Fell
Durchfälle
Anämie (Blutarmut)
Kolik
Wachstumsstörungen
Tod

Einer Verseuchung der Weiden mit Würmern ist unter allen Umständen entgegenzuwirken. Immune ausgewachsene Pferde

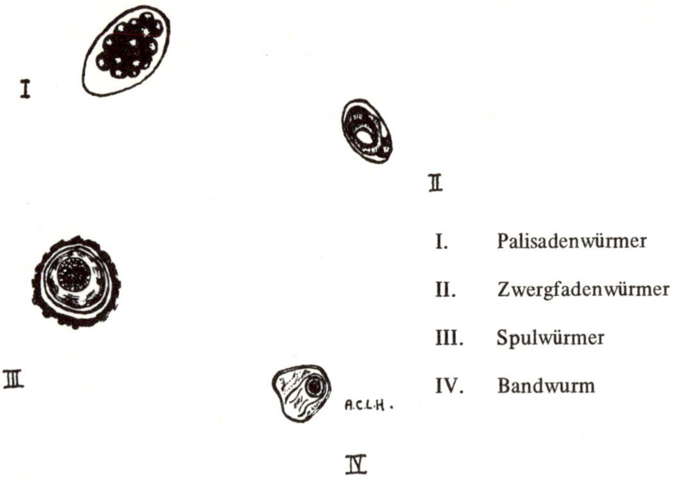

Abbild. 14 Verschiedene Wurmeier in mikroskopischer Vergrößerung

werden wahrscheinlich kaum Anzeichen von Wurmbefall zeigen, die Jungtiere aber sehen dann trotz guter Fütterung immer mager und kümmerlich aus, das heißt vom ökonomischen Standpunkt aus sind sie eine Fehlinvestition. Sie fressen genauso viel wie gesunde Tiere - wenn nicht mehr -, sind aber so schlechte Futterverwerter, daß sie trotz normaler Produktionskosten in schlechter Kondition sind und im Wachstum zurückbleiben. Entwurmt man sie, kann es vorkommen, daß solche Tiere dann aufgetriebene Gelenke entwickeln.

Am häufigsten findet man folgende Wurmparasiten:

(I) Palisadenwürmer, große und kleine Strongyliden
(II) Spulwürmer oder Askariden
(III) Zwergfadenwürmer (Strongyloides)
(IV) Bandwürmer
(V) Pfriemenschwänze (Oxyuren)
(VI) Lungenwürmer
(VII) Leberegel
(VIII) Magendassellarven

Nachfolgend eine vollständige Liste dieser Würmer mit Angabe ihrer verschiedenen Pathogenitätsgrade:

Häufig vorkommende innere Parasiten des Pferdes

Gruppe	Name	zoologisch. Name	Pathogenität
1 a)	Große Palisadenwürmer	Strongylus vulgaris	++++
		Strongylus equinus	++
		Strongylus edentatus	++
b)	Kleine Palisadenwürmer	Trichonema	+
		Triodontophorus	+
		Trichostronylus	
		axei (auch bei Rindern und Schafen verbreitet)	+
c)	Spulwürmer	Parascaris equorum	+++
d)	Strongyloides	Strongyloides westeri	+
e)	Pfriemenschwänze	Oxyuris equi	+/-
2	Bandwürmer	Anaplocephala pertoliata	+/-
3	Lungenwürmer	Dictyocaulus arnfieldi	++
4	Leberegel	Fasciola hepatica	+/-
5	Magendassellarven	Gastrophilus	+/-

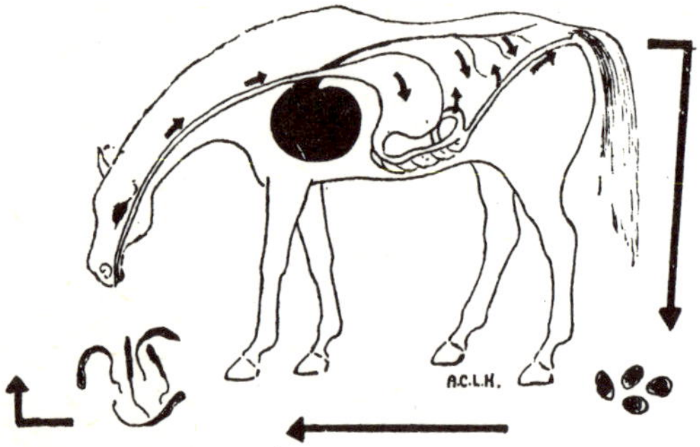

Abbild. 15 Lebenszyklus des Palisadenwurms

Zu 1 a - b: Am wichtigsten und am weitesten verbreitet ist die Gattung der Strongyliden, die zur Familie der Blut- oder Palisadenwürmer gehört. Die ausgewachsenen Würmer leben in den Därmen, wo die Weibchen ihre Eier legen, die mit dem Kot ins Freie gelangen. Sie entwickeln sich zu Larven und kriechen an Grashalmen empor in der Hoffnung, von ihrem zukünftigen Wirt mit der Nahrung zusammen aufgenommen zu werden. In diesem Fall gelangt die Larve mit dem Gras in den Magen des Tieres. Handelt es sich um ein als Wirt geeignetes Tier, überlebt sie, andernfalls geht sie ein. Die überlebenden Larven durchbohren die Darmwände und wandern in den Arterien im Körper umher. Die Kleinen Palisadenwürmer verbleiben in den Darmwänden. Schließlich kehren die geschlechtsreifen Larven wieder in die Därme zurück, wo die Weibchen wiederum Eier legen (siehe Abbildung 15).

Dieser Zyklus dauert etwa 6 - 11 Monate. Durch die umherwandernden Larven können sich am Ansatz der Gekrösearterien Aneurismen bilden, die den plötzlichen Tod des Tieres zur Folge haben können oder einen Teil des Darms beschädigen, so daß es zu chronischen, immer wieder auftretenden Koliken kommt.

Zu 1 c: Eine andere, sehr oft bei jungen Pferden zu findende Parasitenart sind die Spulwürmer oder Askariden. Da sie bis zu 50 cm lang werden können, sind sie leicht im Kot der befallenen Pferde auszumachen. Bei sehr starkem Befall mit Spulwürmern kann es zur Zerstörung von Eingeweiden und zu Darmperforierungen kommen, die zur tödlich verlaufenden Bauchfellentzündung führen können. Am anfälligsten dafür sind Pferde unter drei Jahren; ältere Pferde scheinen eine erhebliche Abwehrkraft gegen eine Infektion mit Askariden zu besitzen. Die Eier gelangen wie die der Strongyliden mit dem Kot auf die Weide, schlüpfen jedoch nicht dort, sondern werden mit dem Gras zusammen gefressen und entwickeln sich erst in ihrem Wirt. Der vollständige Lebenszyklus der Spulwürmer, von der Aufnahme des dickwandigen Eies bis zum Erwachsenenstadium im Dünndarm dauert etwa 11 - 12 Wochen und ist in Abbildung 16 dargestellt.

Zu 1 d: Junge Fohlen sind oft von Strongyloides (Zwergfadenwürmer) infiziert. Anscheinend bleiben sie von selbst auf diese Altersstufe begrenzt, denn man findet sie nur selten im Kot älterer Tiere. Sie sind deshalb auch weniger gefährlich, obwohl sie mitunter auch für Fohlendurchfall verantwortlich gemacht werden.

Zu 1 e: Die Eier des Pfriemenschwanzes tauchen selten oder nie in Kotproben auf, die zur Untersuchung ins Labor geschickt werden, weil die Weibchen die

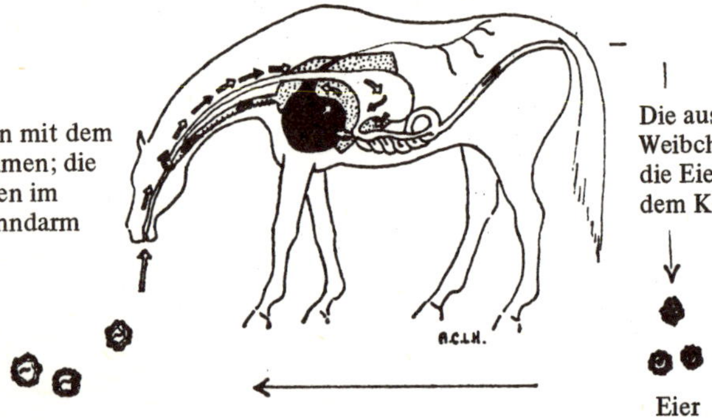

Abbild. 16 Lebenszyklus des Spulwurms:

Eier rund um den After ablegen und nicht in den Eingeweiden wie die oben beschriebenen Arten von Wurmparasiten. Meist verursachen diese Eier einen Juckreiz, so daß das Pferd sich Schweif und Hinterhand aufscheuert.

Zu 2: Bandwürmer verursachen bei Pferden kaum größere Schwierigkeiten, es sei denn, der Befall sei extrem stark.

Zu 3: Lungenwürmer treten meist beim Esel auf, der ihr natürlicher Wirt zu sein scheint. Symptome zeigen sich im allgemeinen nur in Verbindung mit einer sekundären Infektion. Beim Pferd dagegen verursachen sie oft schon in kleinen Mengen Husten und Dämpfigkeit. Wenn ein Pferd von Lungenwürmern befallen wird, hat es sich fast immer bei einem Esel infiziert (siehe Abbildung 17). Lungenwürmer haben einen anderen Lebenszyklus als die bereits beschriebenen Arten. Das Weibchen legt zwar die

Abbild. 17 Lebenszyklus des Lungenwurms

Eier in den Eingeweiden ab, sie schlüpfen jedoch schon, bevor sie mit dem Kot ins Freie gelangen. Auf der Weide reifen sie heran und werden mit dem Gras zusammen aufgenommen, so daß sie wieder in die Eingeweide gelangen. Von dort wandern sie ins Lymphsystem und erreichen so die rechte Herzseite. Auf der rechten Herzkammer werden sie mit dem Blut in die Lunge geschwemmt. Sie erreichen die Luftwege und schließlich die Luftröhre, werden hochgehustet und wieder verschluckt oder wandern selbst in den Schleimhäuten nach oben, bis sie wieder verschluckt werden. Auf diese Weise gelangen sie wieder in die Eingeweide, wo die Weibchen wieder ihre Eier ablegen. Die beim Pferd auftretende Gattung heißt Dictiocaulus arnfieldi und ist, wie andere beim Pferd auftretende Parasiten, spezifisch und von den bei anderen Haustieren auftretenden Lungenwürmern verschieden.

Zu 4: Leberegel treten bei Pferden nur in solchen Gebieten auf, in denen auch andere Tierarten davon befallen werden. Ohne eine Schneckenart, die in der Entwicklung als Wirt dient, ist eine Übertragung nicht möglich.

Zu 5: Die Magenbremsen gleichen hummelähnlichen Fliegen und legen im Juli/August im sogenannten Schwirrflug ihre Eier an den Vorderbeinen der Pferde ab, wo sie leicht abgeleckt werden können. Im Magen schlüpfen die Larven aus und saugen sich ca. 10 Monate lang in der Magenschleimhaut fest. Bei sehr starkem Befall kann es zu Verschlüssen, Verdauungsstörungen, Kolik und sogar zu Magendurchbrüchen kommen. Die Behandlung besteht darin, daß man vorbeugend die Eier vom Fell der Pferde entfernt bzw. die Larven im Magen mittels Schwefelkohlenstoff oder Duex-Verbindungen von organischem Phosphor abtötet. Normale Wurmmittel haben im allgemeinen keinerlei Wirkung auf Magendassellarven.

"Äußerliche Parasiten"

Läuse treten oft gleichzeitig mit Wurmbefall bei Pferden auf, und zwar mit Vorliebe in warmen, feuchten Wintern. Wirkliche Kälte und Frost verhindern ihr Auftreten. Pferde können von zwei verschiedenen Arten befallen werden, einer beißenden und einer saugenden. Sie verursachen einen beträchtlichen Juckreiz, so daß sich die Pferde bald wundscheuern und rasch an Kondition verlieren. Richtet man das Fell des Pferdes gegen den

Strich auf - besonders im Bereich von Mähne und Schweif - kann man die Läuse meist mit dem bloßen Auge erkennen.

Im allgemeinen genügt es, die Pferde in Abständen von einer Woche gründlich mit einem Puder gegen Läuse einzupudern, bis die Läuse verschwunden sind. Der Puder darf nicht in die Augen der Pferde geraten, da dieser sonst zu Entzündungen führt.

Bei der Glatzflechte handelt es sich um eine im höchsten Grade ansteckende Pilzerkrankung (Dermatomykose) von Pferden und Rindern, die auch auf Menschen übertragbar ist. Erkrankte Pferde sind deshalb nur mit großer Vorsicht zu behandeln. Besonders gefährdet ist die Sattellage, bei ständigem Wechsel der Satteldecke von einem zum anderen Pferd.
Es bilden sich kleine, runde Erhebungen unter dem Fell. Nach ein paar Tagen fällt das Haar aus, und es bleiben kleine, kreisförmige wunde Stellen im Haarkleid. Ohne Behandlung werden sie immer größer und verschorfen.

Bei Verdacht auf Pilzbefall ist das Pferd sofort zu isolieren und der Tierarzt zu rufen, der die weitere Behandlung übernehmen muß.

Die Pferdebremse legt ihre Eier an den Pferdebeinen ab. Die Larven schlüpfen aus und fressen sich unter die Haut. Mit der Zeit arbeiten sie sich zum Pferderücken vor, wo sich dann kleine Erhebungen mit einem charakteristischen kleinen Loch in der Mitte bilden. Durch dieses Loch atmet die Larve und schlüpft schließlich auch aus. Sie müssen vom Tierarzt operativ entfernt werden, bevor sie geschlüpft sind.

"Vorbeugung gegen innere Parasiten"

1. Regelmäßige Entwurmung

Alle Fohlen müssen ab dem Alter von zwei Monaten alle 6 - 8 Wochen regelmäßig Wurmmittel gegen Strongyliden und Askariden erhalten. Das Mittel kann entweder in Pasten oder in milchiger Form mit einer Spritze auf die Zunge oder in die seitlichen Backentaschen gegeben werden. Es ist genau darauf zu achten, daß die Pferde auch vollständig ausfressen, wenn sie das Wurmmittel mit dem Futter erhalten, so daß man sicher sein kann, daß sie die volle Dosis bekommen haben.

Damit eine Wurmkur auch Erfolg hat, müssen alle Pferde eines Betriebes gleichzeitig entwurmt werden, auch irgendwelche ausgedienten Spazierreitpferde oder Ponys. Weidegänger werden alle zwei Monate gefangen und ebenfalls entwurmt.

Um zu überleben haben Wurmparasiten die Fähigkeit entwickelt, gegen eine bestimmte Medizin immun zu werden, wenn sie über einen längeren Zeitraum ständig im Gebrauch war. Zur Erhöhung der Wirksamkeit sollte deshalb von Zeit zu Zeit das Präparat gewechselt werden. Dadurch haben die Würmer keine Zeit, eine Immunität gegen den Stoff zu entwickeln, so daß die Wurmkuren nichts an Effektivität verlieren.

Wichtig bei der Wahl eines Wurmmittels ist, daß das Mittel ein breites Spektrum besitzt und sowohl gegen Strongyliden als auch Spulwürmer gerichtet ist. Das richtige Wurmmittel bekommen sie über ihren Tierarzt.

2. Pflege der Weiden

Ideal wäre es, allen Dung täglich von der Weide abzusammeln, aber beim derzeitigen hohen Stand der Personalkosten ist dieser Vorschlag nicht immer praktikabel. Man sollte sich jedoch bemühen, den Dung wenigstens von den kleineren oder am stärksten beweideten Koppeln zu entfernen, damit sie nicht "pferdemüde" werden.

Die beste Vorbeugung gegen eine Verseuchung mit Parasiten besteht darin, die Weiden im Winter sechs Monate ruhen zu lassen. Die Anzahl der dann noch überlebenden Larven ist durch den Frost drastisch vermindert.

Pferde suchen sich im Freien ihr Futter sehr sorgfältig aus und grasen niemals an Stellen, die durch ihren eigenen Kot verunreinigt sind. Dies stellt eine begrenzte natürliche Selbstschutzmethode gegen Wurmbefall dar. Auf diese Weise werden vielleicht große Flächen von den Pferden nicht abgeweidet, auf denen dann langes, rauhes Gras wächst, wenn die Weiden nicht regelmäßig gemäht werden. Statt die Weide zu mähen, kann man auch eine Herde Rinder ohne Hörner mit den Pferden zusammen auf die Weide schicken. Sie sind weniger wählerisch und grasen auch die von den Pferden abgelehnten Stellen ab. Außer denen der Gattung Trichostrongylus axei, die sowohl Pferde als auch Rinder und Schafe befallen können, gehen alle Larven im Verdauungskanal der Rinder zugrunde, wenn sie von ihnen mit dem Gras aufgenommen werden. Dadurch wird die Anzahl der Wurmlarven auf einer Koppel beträchtlich reduziert. Im Idealfall sollten fünf Rinder auf ein Pferd kommen, aber das ist nicht immer durchführbar.

Wenn man eine Koppel mit der Egge durchzieht, um den Kot zu verteilen, verteilt man nur die Larven auf eine noch größere Fläche, so daß den Pferden noch weniger sauberes Futter zur Verfügung steht. Richtig ist es, den Kot wenigstens einmal pro Woche von den Koppeln abzusammeln und ihnen eine Ruhezeit von mindestens drei aufeinanderfolgenden Monaten im Jahr zu gönnen.

3. Stallhygiene

Die Haltung der Pferde, vor allem der Jungtiere, in Tiefställen, wo der Mist nur monatlich oder auch in längeren Intervallen entfernt wird, ist natürlich für die Wurmentwicklung besonders begünstigend. Vorwiegend in Fohlen- und Jährlingsboxen sollte der Mist so oft wie möglich entfernt werden. Die Desinfektion des Pferdestalles nach Weideaustrieb oder vor der Neuaufstallung hat sich mit dem Dampfstrahlreinigungsgerät als besonders vorteilhaft erwiesen.

4. Routineuntersuchung von Kotproben

Auch wenn man regelmäßig Wurmkuren durchführt, bedeutet dies nicht, daß im Pferdekot keine Wurmeier mehr vorhanden sind. Manche Würmer entwickeln eine Immunität gegen einen oder mehrere Wirkstoffe und überleben trotz der Wurmkur. Deshalb empfiehlt sich eine regelmäßige Überprüfung, ob auch wirklich alle Tiere wurmfrei sind.

Zum Nachweis von Wurmeiern im Kot müssen die Proben so frisch wie möglich sein. Sie werden in einem luftdichten Behälter wie z. B. einer Equizole-Dose oder einem versiegelten Platiksack transportiert und dürfen nicht austrocknen. Außerdem müssen sie so kühl wie möglich gehalten werden, damit die Larven nicht schlüpfen, bevor die Eier gezählt werden können. Je schneller die Proben entnommen oder zum Labor zur Untersuchung geschickt werden, desto besser. Die Probe wird am besten aus der Mitte eines Dunghaufens, jedoch möglichst von mindestens zwei verschiedenen desselben Pferdes, entommen. Sie müssen sofort mit dem Namen des Pferdes versehen werden.

Für eine normale Zählung von Wurmeiern genügt eine Equizole-Dose voller Kot; handelt es sich jedoch um die Zählung von Lungenwürmern, ist zumindest soviel erforderlich, wie in einem Halbpfund-Honig- oder Marmeladeglas Platz hat.

Beschreibung einer einfachen Methode, Wurmeier in Kotproben zu zählen finden Sie in Kapitel 16 von "Hengstaufzucht".

1. Automatischer Wassertrog auf der Koppel:
Es spart viel Arbeit, wenn alle Tränken auf der Koppel an die Wasserleitung angeschlossen sind. Die Tröge sollten in einiger Entfernung vom Eingang in geschützter Lage angebracht werden.

2. Grasmähen: Wo keine gemischte Weidehaltung praktiziert wird, muß das Gras während der Wachstumsperiode regelmäßig gemäht werden.

3.

So trägt und wiegt man ein neugeborenes Fohlen.
Große Vollblutfohlen können bis zu 120 Pfund wiegen, kleine mitunter noch nicht einmal 90 Pfund.

4.

Maschine zur Beseitigung des Dungs von den Koppeln.
Mit Hilfe der Maschine kann der Dung schneller und gründlicher von den Koppeln abgesammelt werden, als nach der herkömmlichen Methode, besonders, wenn das Gras kurz gehalten wird.

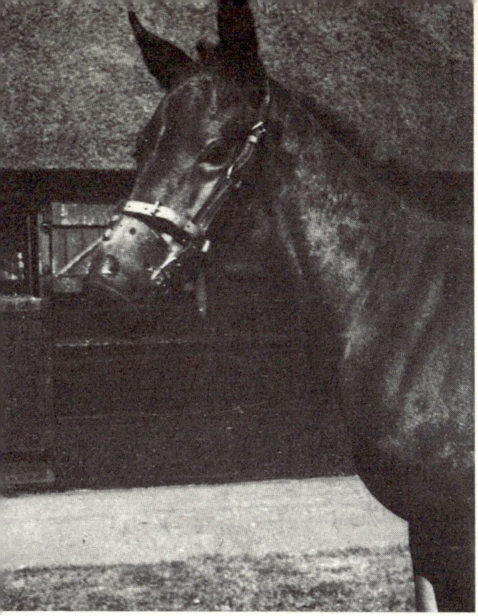

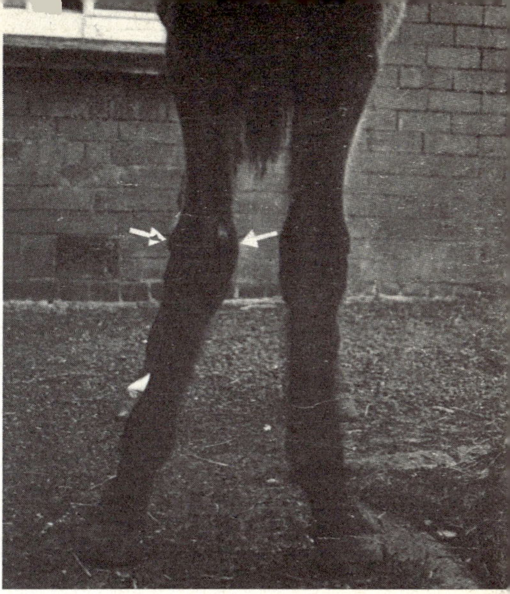

5. Fohlen mit Maulkorb zur Verhinderung eines hämolytischen Ikterus (Gelbsucht).
Hämolysegefährdete Fohlen müssen einen Maulkorb tragen, sobald sie auf den Beinen sind, wenn man den Ausbruch der Krankheit verhindern will.

6. Unregelmäßiges Wachstum der Epiphyse.
Das rechte Vorderbein ist von dem mit Pfeilen markierten Punkt an nach außen gestellt. Die Pfeile markieren zugleich die Lage der Epiphyse am Ende des Radius sowie die Schwellungen, die durch die Entzündung entstanden sind.

7. Die charakteristische abnorme Lage eines Fohlens mit Kolik auf Grund von Darmpechverhaltung.

8.

9. Das Absetzen auf der Koppel - die letzte Stute kann noch einige Wochen lang mit den Fohlen zusammen auf die Koppel gehen.
Spielverhalten zweier Jährlingshengstfohlen auf der Koppel.

Rechts oben:
Jährlinge werden auf dem Gelände der Tattersalls Park Paddocks, Newmarket, herumgeführt, bevor sie zum Verkauf aufgeboten werden. Bemerkenswert die gut herausgebrachten Pferde und die ordentliche Aufmachung der Pfleger im Vordergrund (Foto: Peter Faulkes).
10.

11. Fertig zum Verladen: Stallbandagen schützen die untere Partie der Beine vor Verletzungen, besonders, wenn die Trennwand im Hänger oder Transporter nicht ganz bis zum Boden reicht. Ein Knieschutz empfiehlt sich, wenn das Pferd vor einer soliden Trennwand steht, und außerdem schützt er ebenso wie die Bandagen beim Ein- und Ausladen. Der Schweif wird immer einbandagiert bzw. durch einen Schweifschoner geschützt. Für den Transport im Flugzeug trägt das Pferd am besten außerdem noch einen

12. Kopfschutz.

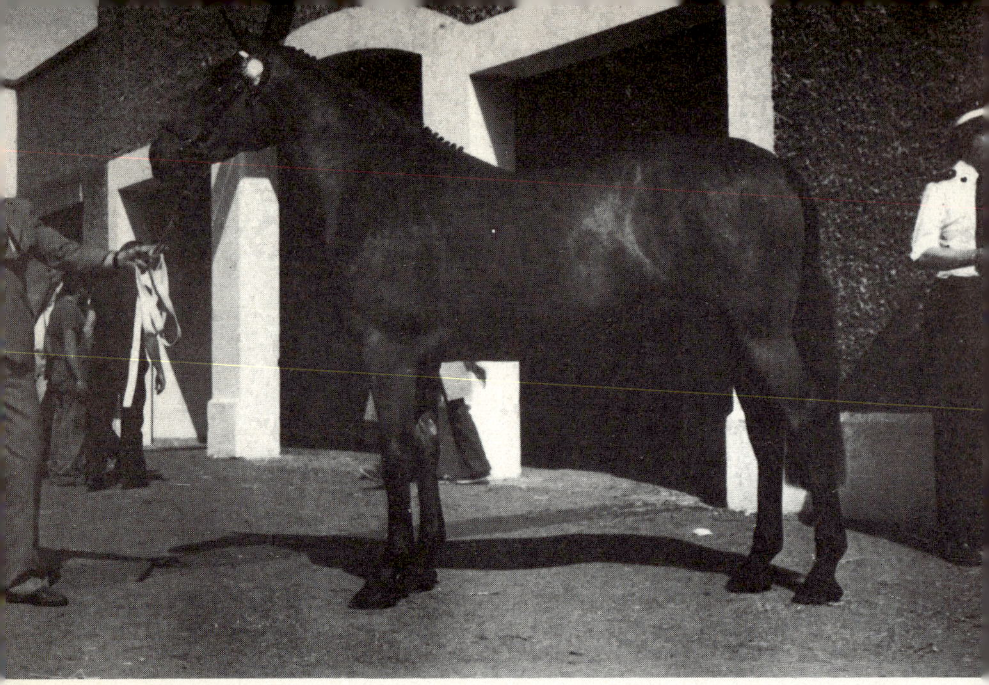

13. Im Augenblick ist es Mode, die Mähne in viele kleine Zöpfchen einzuflechten. Auch der Schweif ist ordentlich eingeflochten. Eine mit einem ersten Preis ausgezeichnete Zweijährige auf der Dublin Horse Show.

Das Richten einer Klasse auf einer Ausstellung:
Der Richter beginnt nun bald mit der Einteilung seiner Klasse; die Pferde,
14. die ihm am besten gefallen, läßt er in die Mitte des Rings vorziehen.

15. Aufstellung des Pferdes vor dem Richter.
Nach Aufruf wird das Pferd seitlich zum Publikum mit Front zum Richter aufgestellt.

Vorführen eines Pferdes an der Hand im Trabe: Das Pferd wird im Schritt bis zum Ende des Rings geführt. Nach der Wendung läßt man es antraben und kommt im Trab zurück. Hat das Pferd seinen Takt im Trab gefunden, nimmt man die Hand herunter und läßt das Pferd am durchhängenden Zügel gehen. Es muß sich dann selbst tragen und kann sich nicht aufs Gebiß
16. legen.

17. Die Ponys werden stets uneingeflochten vorgestellt.

18. Das Vorbild - ein Sieger auf der Dublin Horse Show.

DIE AUFZUCHT VON FOHLEN ODER JÄHRLINGEN FÜR DEN VERKAUF

Als erstes muß man sich darüber schlüssig werden, auf welcher Auktion man seine Produkte anbieten will, danach läßt man sich die benötigten Plätze rechtzeitig reservieren.

Nicht alle Auktionen sind für alle Züchter offen. Man muß sich daher zuerst vergewissern, auf welchen Auktionen man zugelassen ist, bevor man endgültige Pläne macht und Entscheidungen trifft. Etablierte Züchter schicken ihre Produkte im allgemeinen jedes Jahr auf dieselben Auktionen, so daß die Käufer wissen, auf welcher Auktion und an welchem Tag sie diese Pferde kaufen können.

Lesen Sie sorgfältig die Verkaufsbedingungen, bevor Sie Ihre Pferde anmelden. Sie sind auf Verlangen bei der Auktionsleitung erhältlich und werden meist zusammen mit den Nennungsformularen zugesandt. Im Prinzip sind sie auf allen Auktionen gleich, aber im Detail können sie sich manchmal unterscheiden. Die im Katalog aufgeführte Abstammung kann den Verkaufspreis beeinflussen, es macht sich also bezahlt, das Pedigree von einem Fachmann zusammenstellen zu lassen, der sich im internationalen Rennsport auskennt.

Schicken Sie nur Ihre besten Tiere zu den großen Auktionen, wenn Sie Ihrem Zuchtbetrieb einen Namen machen und Erfolg haben wollen. Schwächere Pferde, die das Niveau herabziehen würden, bietet man besser anderswo an. Stehen in einem Jahr wirklich nur Pferde minderer Qualität zum Verkauf, bietet man sie besser auf einem kleineren Markt an, bevor man den guten

Namen der Zucht ruiniert. Entgegen der allgemeinen Meinung geht der Platz auf der großen Auktion deswegen nicht verloren. Da es manchmal schwierig ist, die eigenen Zuchtprodukte objektiv einzuschätzen, fragt man im Zweifelsfalle besser den Auktionator oder einen Händler und richtet sich nach dessen Urteil.

Der Preis wird sowohl von der jeweiligen Auktion als auch von der Tageszeit beeinflußt, an der die Tiere zur Versteigerung gelangen. Ein Superpferd wird sich - auf der richtigen Auktion - wahrscheinlich immer gut verkaufen, unabhängig von der Tageszeit, zu der es aufgeboten wird. Der Preis von Durchschnittspferden aber ist abhängig von gewissen Fluktuationen, die während der ganzen Auktion feststellbar sind. Die höchsten Preise werden gewöhnlich am Nachmittag und Abend der mittleren Verkaufstage erzielt. Die meisten Verkaufsgesellschaften vergeben diese Plätze an ihre ältesten Stammkunden. Durch Rücksprache mit der Verkaufsleitung kann man sich aber wenigstens versichern, daß die eigenen Pferde zu einer Zeit aufgeboten werden, zu der auch andere Qualitätspferde im Ring sind, weil das zumindest das Interesse der Zuschauer wachhält.

Zum Beispiel hat sich die Vollblutagentur Goffs für seine Auktion in Kildare Paddocks, Kill, County Kildare, ein Platzziffernsystem ausgedacht und 1975 damit angefangen, die Auktion alphabetisch, von einem bestimmten Buchstaben an, zu beginnen. Im Jahr darauf wandert dieser Anfangsbuchstabe fünf Plätze im Alphabet weiter, so daß die Verkäufer, die unter ihrem eigenen oder dem Namen ihres Gestüts im Katalog stehen, im Verlauf einiger Jahre alle einmal die Chance bekommen, zu den günstigsten Zeiten zu verkaufen.

Ein Teil der Kunst, Fohlen und Jährlinge für den Verkauf zu züchten, besteht darin, sie im richtigen Augenblick auf der richtigen Auktion anzubieten. Wenn man z. B. ein Fohlen im Stall hat, das eng mit einem Pferd verwandt ist, das in diesem Jahr viele Preise gewonnen hat, bietet man es besser noch im selben Jahr, als Fohlen, an und wartet nicht ein Jahr länger, bis die Leute sich womöglich nicht mehr an diese Beziehung erinnern können.

Die größeren Fohlen- und Jährlingsauktionen werden auch von Käufern aus Übersee besucht, während die kleineren meist nur für das Inland interessant sind. Deshalb wählt man die zu versteigernden Pferde schon im Hinblick auf bestimmte Auktionen aus. Ein Pferd, das z. B. von einem in Nordengland erfolgreichen Hengst abstammt, wird hauptsächlich Trainer aus dem Norden anziehen und sich vermutlich in Doncaster besser verkaufen als im Süden von England. Ein gutes Pferd mit erstklassiger Abstammung von internationalem Interesse schickt man besser auf eine große Auktion, wo auch ausländische Käufer vertreten sind.

Fohlen werden im allgemeinen nach dem Absetzen, im November oder Dezember, verkauft. Sie haben dann ihr volles Winterhaar, und daran kann und soll man nichts ändern. Es hat nicht viel Sinn, später als Mitte Mai geborene Fohlen noch im gleichen Herbst zu verkaufen, da sie meist zu klein und unentwickelt sind, um Käufer anzusprechen. Die Fohlen, die zum Verkauf bestimmt sind, werden spätestens bis zur ersten Septemberwoche abgesetzt, damit sie sich wieder davon erholen können und noch genügend Zeit bleibt, sie für den Verkauf vorzubereiten.

Zum Verkauf bestimmte Fohlen müssen nach dem Absetzen nachts hereingeholt werden, können aber den ganzen Tag im Freien verbringen. Wenn sie sonst in guter Verfassung sind, schadet das Winterfell nichts - nur glänzen muß es.

Pferde, die auf Ausstellungen gezeigt oder verkauft werden sollen, dürfen nie auf Gerstenstroh stehen, weil sie sich dann gern aufscheuern.

Die beste Einstreu ist Weizen- oder Roggenstroh. Wenn dies nicht erhältlich ist, sollte man zu Torfmoos oder Sägespänen greifen. Viele Käufer besuchen jedoch schon vor der Versteigerung die einzelnen Gestüte und sehen sich die Tiere an, und nichts gibt einem Pferd einen ansprechenderen Rahmen als eine schöne, dicke Einstreu von Stroh.

Sobald sich die Fohlen nach dem Absetzen wieder beruhigt haben, macht man sich daran, die Mähnen nach rechts zu bürsten, und etwa vier Wochen vor dem Verkauf werden sie zum ersten Mal verzogen. In diesem Alter ist die Mähne meist nicht sehr dick, so daß sie sich mit Daumen und Finger bzw. Mähnenkamm und einem scharfen Messer verziehen läßt. Man bürstet die Mähne, bis sie gleichmäßig am Hals anliegt. Dann ergreift man einen kleinen Büschel Mähnenhaar, als ob man es verziehen wollte, kämmt es zurück und reißt dann aber nicht die langen Haare insgesamt aus, sondern bricht sie sozusagen über der Messerschneide ab. So verfährt man den ganzen Hals entlang. Der Stirnschopf bleibt meist besser in seiner ursprünglichen Form.

Warten Sie mit dem Kauf notwendiger Ausrüstung nicht bis zur letzten Minute. Vielleicht finden Sie dann nicht genau das, was Sie suchen, und dann gibt es womöglich eine Katastrophe! Fangen Sie zwei oder drei Monate vor der Auktion damit an, Ihre Sachen zusammenzustellen - Sie werden sich wundern, wie schnell die Zeit vergeht!

Die meisten Fohlen und Jährlinge sehen besser aus und lassen sich besser führen, wenn sie in einer gut gepflegten Vorführtrense mit Messingbeschlägen und Gebiß vorgestellt werden. Am besten sind die doppeltgenähten Trensen mit schmalen Backenstücken, die man zur Erhöhung der Wirkung auf der Außenseite mit dunkler Schuhcreme einreibt und mit einem weichen Tuch glänzend poliert. Auch die Messingschnallen und Trensenringe müssen auf Hochglanz poliert sein. Ein Führzügel aus Leder mit Messingschnalle sieht nicht nur besser aus, er hält auch länger als ein weißer Gurtzügel. Wie bei der Trense behandelt man die Außenseite mit dunkler Schuhcreme, die Innenseite jedoch nur mit Sattelseife. Es gibt Führzügel mit Y-förmigen Endstücken, die jeweils in einem Trensenring befestigt werden, es gibt aber auch Verbindungsstücke für die Trensenringe, in die man einen normalen Führzügel einschnallen kann.

Wenn man den Ring auf der rückwärtigen Mitte des Verbindungsstückes durch ein kurzes Lederstück mit dem Nasenriemen verbindet, überträgt sich ein Teil des Druckes vom Gebiß auf das Nasenbein des Pferdes. Fohlen und manche Jährlinge lassen sich besser mit einem biegsamen Gummigebiß führen. Manche Leute benutzen schmale Gebisse aus Kunststoff, aber ich persönlich halte die Gummigebisse für ungefährlicher für das Pferdemaul, falls sich ein Pferd einmal aufregt.

Nach dem Absetzen wird die Futtermenge der Fohlen allmählich erhöht, bis sie wie die Jährlinge vier Mahlzeiten am Tag erhalten: Es ist kaum zu glauben, wieviel ein Fohlen fressen kann, besonders gegen Ende November, und noch unwahrscheinlicher ist, was ein Jährling alles verputzen kann.

Wie ein bestimmtes Fohlen oder ein Jährling auf der Auktion aussieht, steht in direktem Zusammenhang mit seinem Futter. Viel Fleisch auf Rücken, Hals und Hinterhand verbessert bei den meisten Tieren das Aussehen und verdeckt auch manchen Gebäudefehler. Der zweitwichtigste Faktor ist ein glänzendes Fell. Das erreicht man am besten mit ölhaltigen Futterbestandteilen. Am häufigsten verwendet werden:

Leinsamen - normalerweise gekocht verfüttert, läßt sich aber durch reines Leinöl (für Futterzwecke) ersetzen. Wenn man Pferde für den Verkauf vorbereitet, empfiehlt es sich, jeden Abend etwas Leinsamen zu füttern. Da sich die Wirkung jedoch erst nach etwa vier Wochen zeigt, muß man mindestens 6 - 8 Wochen vor der Auktion anfangen, um eine maximale Wirkung zu erzielen.

Lebertran - manche Pferde mögen den Geschmack von purem Lebertran nicht, die meisten aber nehmen ihn gern, wenn er mit Malz gemischt ist. Lebertran enthält Vitamin A und D und ist deshalb besonders für im Stall gehaltene Pferde, denen diese Vitamine sonst fehlen könnten, wertvoll. Ein großer Eßlöffel voll am Tag ist ausreichend.

Olivenöl - das ist genau genommen reines Fett. Es hat keinen ausgeprägten Eigengeschmack und wird deshalb von den meisten Pferden gut aufgenommen.

Algenmehl - obwohl nicht im geringsten ölhaltig, bringt es doch Glanz ins Fell, weil es sehr viel Jod enthält.

Wenn man dieses so überaus wichtige Ziel erreicht und das Fell von innen, durch gutes Futter, zum Glänzen gebracht hat, macht es nicht mehr viel Mühe, das Pferd auch äußerlich jederzeit zum Glänzen zu bringen - das heißt, ohne daß man ein Pferd stundenlang bürsten und striegeln muß, was eine große Arbeitserleichterung darstellt und sehr zu empfehlen ist.

Jährlinge werden normalerweise im September und Oktober verkauft, wenn sie gerade im Fellwechsel sind. Dadurch sieht das Fell oft glanzlos und struppig aus, trotz spezieller Fütterung. Es muß daher eines der Hauptziele beim Verkauf von Jährlingen sein, ihnen ihr Sommerfell bis zum Tag der Auktion zu erhalten. Bei den Auktionen Anfang September ist das noch nicht zu schwierig, aber Mitte oder Ende Oktober wird es geradezu eine Kunst.

Je nach den klimatischen Bedingungen wächst den Pferden in England normalerweise etwa von Ende Juli an das Winterfell. Für den Verkauf bestimmte Jährlinge müssen deshalb schon vor Ende Juli hereingeholt werden, wenn sie ihr Sommerfell behalten sollen.

Die für diese Pferde vorgesehenen Boxen müssen so warm wie möglich gehalten werden (siehe Kapitel 1). Dadurch bleibt das Sommerfell erhalten. Auf ausreichende Belüftung darf jedoch keinesfalls verzichtet werden, damit die Jährlinge keine "Schnoddernasen" entwickeln. Es ist besser, die Pferde nachts einzudecken, als die Boxentüren völlig zu schließen. In manchen Gestüten setzt man Infrarotlampen ein, aber da sie auf der Auktion nicht zur Verfügung stehen, wird dem Jährling höchstwahrscheinlich kalt werden, besonders da seine Box im Verkaufsstall wahrscheinlich sowieso nicht so warm ist wie die zu Hause, selbst ohne Wärmelampe. Wenn sich ein Pferd nicht wohlfühlt, sieht es kümmerlich aus, das Fell gesträubt und glanzlos, und das muß unter allen Umständen vermieden werden.

Im Stall gehaltene Jährlinge müssen jeden Tag im Schritt geführt werden, auch wenn es anfangs nur eine halbe Stunde ist. Wenn es das Wetter erlaubt, läßt man sie - vorzugsweise einzeln - je ein oder zwei Stunden am Tag auf einen Paddock. Ist der Boden zu hart und man möchte ihnen trotzdem mehr Bewegung verschaffen, als durch bloßes Führen zu erreichen ist, läßt man sie in einen mit Stroh oder Sand aufgefüllten Hof oder, noch besser, in eine Koppel, deren Boden mit der Scheibenegge weich und eben gemacht wurde. Das gibt eine vorzügliche "Spielwiese" für die Jährlinge ab, auch wenn die anderen Koppeln steinhart sind.

Der Grundgedanke ist, sie daran zu gewöhnen sich führen zu lassen und sie zwar in Kondition zu bringen, aber auch wieder nicht soviel zu bewegen, daß sie vom Fleisch fallen. Das gilt auch für Fohlen, nur daß sie wegen ihrer Jugend höchstens eine halbe Stunde am Tag geführt werden dürfen. Wieviel Bewegung ein Tier erhält, muß sorgfältig gegen Menge und Qualität des Futters, das es erhält, abgewogen werden, damit es zum Zeitpunkt des Verkaufs gut aussieht und genügend Kondition hat. Mehr als eine Stunde am Tag braucht man einen Jährling nicht zu führen, um diese optimale Verfassung zu erreichen. Ein Mann kann nicht mehr als drei Jährlinge gleichzeitig in Verkaufskondition bringen.

Je eher man die Tiere ans Gebiß gewöhnt, wenn sie geführt werden, desto besser. Das vermindert auch die Gefahr, daß sich ein Jährling einmal loßreißt und in der letzten Minute noch verletzt.

Um ein Fohlen ans Gebiß zu gewöhnen, benutzt man ein Spielgebiß mit gerader Stange (siehe Abbildung 18). Man befestigt es am gewohnten Halfter mit Riemen und Clips oder bindet es mit Schnur fest. Je weniger Leute beim Versuch, einem Pferd erstmals das Gebiß ins Maul zu schieben, anwesend sind, desto einfacher ist es meist zu bewerkstelligen. Es ist mit anderen Worten besser, wenn eine Person allein und ruhig zurechtkommt, als wenn für diese Aufgabe zwei oder drei Personen benötigt werden - was für das Pferd psychologisch schlecht sein kann.

Man befestigt das Gebiß zuerst auf der rechten Seite des Halfters, ohne es je ganz aus der Hand zu lassen, damit es dem Pferd nicht ins Gesicht schlagen kann, wenn es einmal den Kopf hoch-

Abbild. 18 Spielgebiß zur Eingewöhnung

wirft. Dann nimmt man das Gebiß in die linke Hand, geht auf die andere Seite und schiebt dem Pferd vorsichtig den Daumen in die Maulspalte, so daß sich der Kiefer entspannt. Nun kann man das Gebiß ins Maul schieben, ohne an den Zähnen hängen zu bleiben, und es auch auf der linken Seite befestigen. Nie sollte man versuchen, dem Pferd das Gebiß mit Gewalt zwischen die Zähne zu zwingen.

Zwei Personen gehen am besten so vor, daß sie sich zu beiden Seiten des Pferdekopfes aufstellen und jeder einen Trensenring und das Halfter faßt. Das Pferdemaul wird auf die oben beschriebene Weise geöffnet und das Gebiß gleichzeitig an seinen Platz geschoben und am Halfter befestigt.

Bei jungen Pferden verschnallt man das Gebiß eher ein wenig zu hoch, so daß die Maulwinkel ein klein wenig hochgezogen werden. Das vermindert das Risiko, daß sie lernen, die Zunge übers Gebiß zu nehmen, was gerade in diesem Stadium, in dem sie mit dem Gebiß und dem Spielanhänger herumspielen, leicht möglich ist.

Beim ersten Mal läßt man das Pferd am besten in einer Box stehen, die man genau nach Nägeln und sonstigen Vorsprüngen abgesucht hat, an denen sich die Trensenringe verhaken könnten. Wenn die obere Tür nicht durch ein Gitter geschützt ist, wird sie besser geschlossen, damit das Pferd nicht am Riegel hängen bleiben und sich das Genick brechen kann.

Am ersten Tag bleibt die Trense nur ungefähr eine halbe Stunde im Maul. In den nächsten Tagen kann man den Zeitraum auf bis zu eine Stunde ausdehnen. Meist dauert es etwa zwei Wochen, bis sich ein Pferd ohne weiteres auftrensen läßt und dann auch mit der Trense geführt werden kann. Zu diesem Zeitpunkt wechsle ich im allgemeinen auch die Metalltrense gegen die flexible Gummitrense aus.

Allgemein gilt die Regel, daß man junge Pferde nicht an zu kurzen Führzügeln führen darf, weil man sie damit weniger gut halten kann, wenn sie einmal verrückt spielen. Am sichersten ist eine Länge von mindestens 3,5o m. Werden mehrere Pferde hintereinander geführt, muß wenigstens eine Pferdelänge Abstand zwischen den einzelnen Tieren eingehalten werden, damit nicht Pferd oder Pfleger dahinter getroffen werden, wenn ein Pferd plötzlich ausschlägt.

Am Anfang werden die Pferde auf einer ruhigen Koppel geführt, von den anderen Pferden entfernt und bei geschlossenem Tor, damit ein Pferd, das sich losgerissen hat, nicht auf die Straße oder durch den ganzen Betrieb laufen kann. Unbeschlagen werden Jährlinge nicht auf hartem Boden geführt, auch nicht für kurze Zeit, damit sich die Hornsohlen nicht durchlaufen. Deshalb führt man Fohlen, die auf Auktionen niemals Eisen tragen, auch nur auf Gras oder anderem weichen Boden. Üblicherweise werden Jährlinge nur vorn beschlagen. Der Hufbeschlag ist nicht nur ein Schutz für den Huf, ein beschlagener Huf sieht auch gepflegter aus als ein unbeschlagener. Bei den meisten Versteigerungen ist der Boden im Ring sehr hart, so daß es besser ist, der Hufschmied läßt die hinteren Hufe, wenn er sie vor der Auktion zum letzten Mal kürzt, eher etwas länger, damit die Pferde nicht etwa vorsichtig auftreten, wenn sie vorgeführt werden. Bei Pferden, die zur Zeit der Versteigerung immer noch zehenweit oder -eng gestellt sind, kann man den optischen Eindruck dadurch verbessern, daß man die Aufzüge in der Mitte der Eisen leicht nach der Seite hin verschiebt und natürlich dadurch, daß man eine Hufseite länger läßt als die andere. Dadurch wird der Huf in eine gestreckte Stellung gebracht.

Während der letzten vier Wochen vor der Versteigerung behält man die Jährlinge besser im Stall und bewegt sie jeden Tag im Schritt an der Hand, so daß sie sich nicht im letzten Augenblick noch verletzen können. Wenn sie zu frisch werden und sich an der Hand zu sehr aufspielen, kann man sie auch longieren - aber Vorsicht! Die meisten jungen Pferde sind an der Longe nicht besonders im Gleichgewicht und toben gern herum. Wenn man also Anschlagen, Überbeine und Lahmheiten vermeiden will, muß man ein junges Pferd an der Longe immer durch Bandagen und Streifkappen schützen.

Um das Auge der Käufer auf sich zu ziehen, müssen alle Pferde lernen, möglichst weit auszuschreiten. Ein langsam dahinschleichendes Pferd befeuert niemals die Vorstellungskraft in dem Maße wie eines, das in einem guten, weitausgreifenden, aktiven Schritt durch den Ring geht. Zu diesem Zweck muß das Pferd lernen, auf Befehl anzutreten und von selbst vorwärts zu gehen. Das läßt sich auf verschiedene Arten erreichen, am einfachsten aber wohl dadurch, daß das Personal, das die jungen Pferde anlernt, am Anfang zum Führen eine lange Gerte (etwa so lang wie eine Dressurgerte) oder etwas ähnliches in der linken Hand mitführt. Wenn sich ein Pferd ziehen läßt und nicht mehr vorwärtsgeht, schnalzt der Begleiter mit der Zunge oder gibt ihm mit der Stimme das Kommando, "vorwärts" zu gehen. Nimmt das Pferd davon keine Notiz, wiederholt man das Kommando und hilft dem Erinnerungsvermögen durch einen kräftigen Klaps auf die Hinterhand nach, wobei man allerdings seine Stellung an der Schulter des Pferdes nicht verändern darf - daher auch die Länge der Gerte. Pferde verbinden bald das eine mit dem anderen und lernen sehr schnell, der Stimme allein zu gehorchen. Die Gerte kann dann zu Hause bleiben. Während man sie herumführt, läßt man immer wieder eines vorziehen, achtet auf korrektes Stehen und läßt es von den Gefährten wegführen - alles Dinge, die es auf der Versteigerung können muß.

Im Verlauf der letzten vier Wochen vor der Auktion muß bei den Jährlingen und Fohlen wie in Kapitel 14 beschrieben die Mähne verzogen oder gekürzt werden. Fohlenschwänzchen beläßt man im Naturzustand, die Schweife der Jährlinge müssen jedoch ebenfalls verzogen werden, da dadurch eine gut bemuskelte Hinterhand noch eindrucksvoller wirkt. Den Schweif verzieht man im Verlauf einiger Zeit, nicht an einem Tag, damit die

Schweifwurzel nicht wund wird. Tagsüber legt man einen Schweifschoner um, damit die oberen Deckhaare sauber und gepflegt anliegen. Die Schweifspitze schneidet man gerade ab, so daß der Schweif etwas unterhalb des Sprunggelenks endet, wenn das Pferd sich bewegt. Dazu schneidet man die Schweifspitze auf der Höhe des Übergangs vom Sprunggelenk zum Röhrbein mit einer sehr scharfen Schere gerade ab, aber so, daß die Linie nach außen leicht ansteigend verläuft. Wenn der Schweif natürlich getragen wird, sieht die untere Linie dann gerade aus. Bei manchen Jährlingen braucht man nur ein, zwei Zentimeter abzunehmen. Auch lange Haare in den Ohren werden herausgeschnitten.

Potentielle Käufer, die die Pferde auf der Versteigerung begutachten wollen, erwarten, daß ihnen die Pferde korrekt vorgestellt (siehe Titelbild) und im Schritt und Trab an der Hand gezeigt werden (siehe Abbildung 19). Wenn man einem Interessenten ein Pferd vortrabt, ist es im allgemeinen besser, das Tempo nicht allzu sehr zu forcieren, da manche Pferde hinten gern breit treten, wenn man sie im Trab überfordert. Vor der Wendung fällt man in Schritt, und die Wendung selbst wird nach rechts ausgeführt, so daß man um das Pferd herumgeht. Wenn man das Pferd um sich herumgehen läßt, kommt es viel leichter aus dem Gleichgewicht und tritt ungleich. Aus demselben Grund geht man nach der Wendung noch einige Schritte, bevor man das Pferd wieder antrabt.

Das Vorführen der Pferde an der Hand muß zu Hause vor der Versteigerung geübt werden. Um einem Pferd das Antraben auf Kommando beizubringen, kann man eine Gerte mitführen.

Einige Wochen vor der Auktion nehmen wahrscheinlich die diversen Pferdezeitschriften und Zeitungen Kontakt mit Ihnen auf, damit Sie eine Anzeige aufgeben. Meist entwerfen sie die Anzeige selbst, man sollte sich jedoch vergewissern, daß sie einfach gehalten und leicht zu lesen ist. Inserate in führenden Zeitschriften und Zeitungen können sich auszahlen, man sollte aber des Guten auch wieder nicht zuviel tun, da sie sehr teuer kommen.

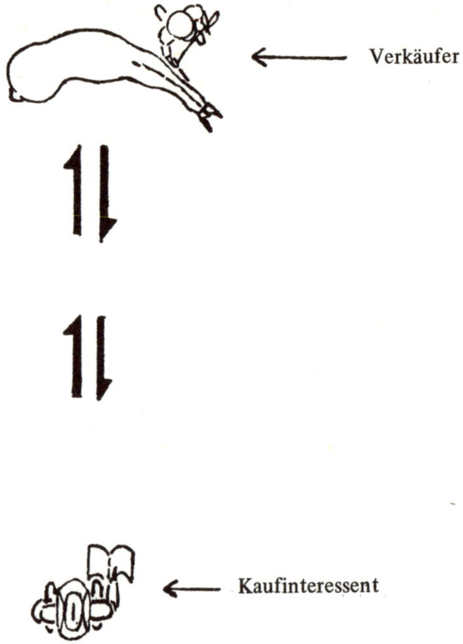

Abbild. 19 So wird ein Pferd einem Interessenten korrekt vorgeführt. Bei der Wendung geht man immer um das Pferd herum, nie umgekehrt.

Bei den meisten Auktionen hat sich der für die Interessenten sehr nützliche Brauch entwickelt, Schilder mit gedruckten Informationen über die verschiedenen Pferde an die Boxentüren zu heften. Sie sind gewöhnlich 30 x 50 cm groß und sollten ebenfalls ganz einfach in der Aussage sein.

Nachdem Sie alles Menschenmögliche getan haben, um Ihre Verkaufspferde zum bestimmten Termin so gut wie irgendmöglich herauszubringen, dürfen Sie auch das Aussehen Ihres Personals nicht vernachlässigen, wenn das Bild perfekt sein soll. Mehrere Pferde aus dem gleichen Stall machen ein viel besseres Bild, wenn auch das vorführende Personal gleich gekleidet ist. Kaufen Sie neue Kittel und erlauben Sie Gummistiefel nur bei wirklich sehr nasser Witterung. Achten Sie darauf, daß alle saubere und glänzende Schuhe tragen.

Richten Sie es so ein, daß ihre Tiere so früh wie möglich am Ort der Versteigerung eintreffen. Bei kleineren Auktionen genügt ein Tag vorher, bei größeren sollten sie mindestens drei Tage vor dem Verkaufstag am Platz sein, damit sie sich an ihre neue Umgebung gewöhnen können. Vergewissern Sie sich, daß Sie alle Papiere beisammen haben, bevor Sie verladen. Außerdem müssen Sie sich darüber informieren, was von der Verkaufsleitung gestellt wird. Bei allen größeren Versteigerungen ist die Einstreu frei.

Junge Pferde, die zum ersten Mal in ihrem Leben in fremden Boxen stehen, regen sich oft auf und laufen unruhig herum. Man bringt deshalb ein Pferd auf der Versteigerung erst dann in seine neue Box, wenn man sicher ist, daß genügend Stroh darin ist. Die meisten Pferde beruhigen sich schneller, wenn man ihnen etwas Heu vorlegt, den Wassereimer füllt und eine kleine Menge Futter verabreicht. Tränkeimer, Mistgabeln, Reisigbesen usw. müssen mitgebracht werden. Es empfiehlt sich, die Tiere sich selbst zu überlassen, bis sie sich beruhigt und von der Fahrt erholt haben, und sie erst dann zu putzen und eventuelle Schweißspuren zu beseitigen.

Die Auktionsnummer wird meist vom Auktionsbüro ausgegeben und soll am Kopfzeug befestigt werden. Im Zweifelsfall fragt man bei der Leitung nach. Bei jungen Pferden, besonders bei Fohlen, sieht es besser aus, wenn man die Nummern vor dem Befestigen sauber mit der Schere beschneidet (siehe Abbildung 20). Und bitte Vorsicht: Achten Sie darauf, daß die Nummern richtig befestigt sind. Nichts sieht schlimmer aus, als wenn die Nummer verkehrt herum am Kopfzeug sitzt. Es ist überhaupt nicht schlecht, die Nummer jedesmal an der Trense oder am Halfter zu befestigen, wenn man das Pferd aus der Box nimmt, ob man es nun einem Interessenten vorführt oder nur ein bißchen bewegt. Es ist dann nicht irgendein unbekanntes Pferd, sondern wird zur wandelnden Reklame.

Richten Sie es so ein, daß von spätestens 6.00 Uhr morgens bis etwa 18.00 Uhr abends bzw. bis zum Anbruch der Dunkelheit immer jemand bei den Pferden ist. Händler kommen oft morgens vorbei, um sich interessante Pferde anzusehen, und nichts ärgert sie mehr, als wenn niemand für die Pferde zuständig ist, besonders wenn sie nicht einmal ein Halfter tragen. Wenn man die Tiere dennoch aus irgendeinem Grund einmal allein lassen muß, sorgt man deshalb wenigstens dafür, daß sie Halfter tragen, damit Interessenten sie auch in dieser Zeit begutachten können.

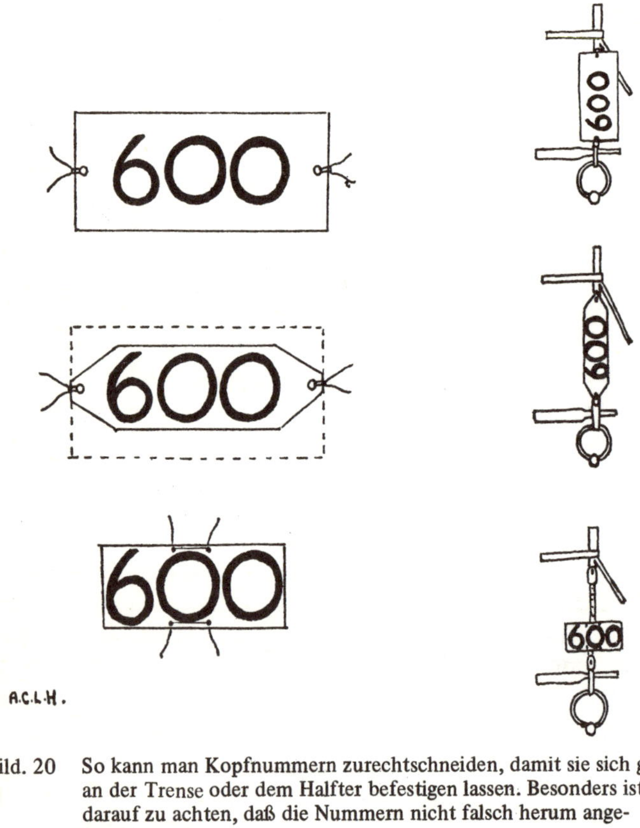

Abbild. 20 So kann man Kopfnummern zurechtschneiden, damit sie sich gut an der Trense oder dem Halfter befestigen lassen. Besonders ist darauf zu achten, daß die Nummern nicht falsch herum angebracht werden.

Bei mehr als einem Mann Personal läßt man die Leute abwechselnd zum Essen gehen, damit immer jemand bei den Pferden ist. Bewegt werden die Pferde am besten gleich früh am Morgen, bevor die Versteigerung anfängt und solange noch alles ruhig ist, also je früher, desto besser.

Es ist auch ganz praktisch, wenn man die Box nicht jeden Tag ausmistet, sondern sie dadurch jederzeit sauberhält, daß man die Pferdeäpfel immer herausholt und jeden Morgen einen frischen Ballen Stroh verteilt, wenn es nötig ist. Pferde sehen immer am besten aus, wenn sie möglichst tief im Stroh stehen, und außerdem ist eine dicke Einstreu auf jeden Fall wärmer. Wichtig ist auch, daß der Boden vor den Boxen immer makellos sauber gehalten wird - das macht einen guten Eindruck auf vorüberkommende Käufer. Kies wird immer wieder geharkt, um Stroh und Hufabdrücke zu entfernen, und Zementboden wird gefegt.

Futterumstellungen sind auf der Versteigerung nach Möglichkeit zu vermeiden. Wenn ein Pferd im Versteigerungsring eine gute Figur machen soll, muß es bis zum letzten Augenblick in Schuß gehalten werden. Wenn das Fell infolge gezielter Fütterung von sich aus glänzt, braucht man sich um das Putzen vor der Versteigerung nicht allzu viele Sorgen zu machen.

Schmutz, Mist und irgendwelche Flecken werden einfach abgebürstet. Dann geht man vor der Versteigerung mit einer leicht angefeuchteten Kardätsche über das Fell, um oberflächliches Fett und Staub zu entfernen. Wenn die Bürste nicht zu naß war, ist das Fell in wenigen Minuten wieder trocken und wird nun mit einem rauhen Tuch abgerieben - Sie werden staunen, wie groß die Wirkung ist, die Sie mit so wenig Aufwand erzielen. Abzeichen an den Beinen werden strahlend weiß, wenn man sie mit Schlämmkreide einreibt, die es in Drogerien zu kaufen gibt. Eingefettete Hufe vervollständigen das Bild.

Verzogene Schweife müssen zumindest über Nacht einbandagiert werden, damit die oberen Haare immer ordentlich liegen. Auch Fohlenschwänzchen sehen besser aus, wenn man sie jeden Tag für kurze Zeit einbandagiert. Bei Vollblutauktionen ist es nicht üblich, Fohlen und Jährlingen die Mähne einzuflechten. Eine Ausnahme wäre höchstens für den Fall denkbar, daß sich ein Jährling im letzten Augenblick die Mähne aufgescheuert hat und dies die einzige Möglichkeit ist, ihn noch einigermaßen gepflegt vorzustellen.

Denken Sie daran, der Auktionsleitung vor Beginn der Versteigerung alle wichtigen Dokumente zu übergeben. Jährlinge und Fohlen werden mit tierärztlichem Attest verkauft, hinzu kommt der Impfschein und die Angabe des Mindestpreises.

Informieren Sie denjenigen, der das Pferd vorführt, über alle wichtigen Einzelheiten, damit er Interessenten auf Fragen die richtigen Antworten geben kann. Seien Sie aber auf jeden Fall selbst jederzeit verfügbar, um Fragen eines potentiellen Käufers wegen eines bestimmten Tieres zu beantworten.

Fohlen und Jährlinge zieht man besser nicht zu früh aus der Box, damit sie nicht ermüden, bevor sie in den Versteigerungsring kommen. Die Zeit sollte aber auch nicht zu kurz bemessen sein, damit etwaige Interessenten sich einzelne Tiere vorstellen lassen und sie in Ruhe betrachten können, während sie herumgeführt werden.

Wenn Ihre Tiere aufgeboten werden, haben Sie das Recht, sich zum Auktionator ans Pult zu begeben, falls Sie dies wünschen. Bei manchen regionalen Versteigerungen ist das notwendig, damit man den Auktionator instruieren kann, wann er das Pferd aufbieten soll, aber bei den meisten großen Auktionen wird der Mindestpreis vorher festgelegt und kann während der Versteigerung nicht mehr geändert werden. Allgemein gilt, daß man den Mindestpreis besser nicht zu hoch ansetzt. Viele Käufer werden erst warm, wenn ein Pferd aufgeboten ist, und hohe Mindestpreise schrecken sie eher ab. Meist wird der Auktionator den Preis schnell bis zum angegebenen Mindestpreis hochtreiben in der Hoffnung, daß jemand im letzten Moment einspringen und das Pferd kaufen wird. Den Mindestpreis zu niedrig anzusetzen, ist jedoch ebenfalls keine gute Politik. Die Käufer könnten daraus falsche Schlüsse ziehen, so daß der Preis nie mehr den wirklichen Wert des Tieres erreicht.

Unabhängig davon, ob Ihr Pferd nun einen Käufer gefunden hat oder nicht, ist es ein Beweis für gute Kinderstube, sich nach der Versteigerung beim Auktionator dafür zu bedanken, daß er sich zumindest bemüht hat, das Pferd zu verkaufen.

ANMERKUNGEN ZUM KAUF VON FOHLEN ZUM ZWECKE IHRES WIEDERVERKAUFS ALS JÄHRLINGE

Mit dem Kauf von Vollblutfohlen und ihrem Wiederverkauf als Jährlinge ist schon viel Geld verdient, aber auch viel Geld verloren worden. Ganz offensichtlich ist es einfacher, mit steigenden Preisen Gewinne zu erzielen, besonders in guten Zeiten, aber bei guter Planung und einem Quentchen Glück kann man auch in schlechten Zeiten noch Geld verdienen. Wenn Sie als Verkäufer auf einer größeren Jährlingsauktion gemeldet sind, ist eine gründliche Marktanalyse der erste und wichtigste Schlüssel zum Erfolg. Was gerade gefragt ist, kann sich von Jahr zu Jahr ändern, im Grunde aber besteht gewöhnlich Nachfrage nach gut gezogenen, gut gewachsenen, gut aussehenden Pferden, die von einem bekannten Hengst und aus einer ebenso bekannten Stutenlinie stammen und möglichst mit irgendeinem Siegerpferd verwandt sind.

Nach ein oder zwei Tagen auf einer Jährlingsauktion kann jeder sagen, was gerade in Mode ist, die Kunst liegt jedoch darin, vorher zu wissen, was in Mode kommen und deshalb im nächsten Jahr gefragt sein wird. Manche Leute haben das Glück, geradezu eine Nase dafür und außerdem noch ein gutes Auge für Pferde zu haben, aber auch der weniger Glückliche hat zumindest Aussichten auf einen Haupttreffer, wenn er gewisse Faktoren nicht außer acht läßt.

Als erstes gehört dazu ein bestimmtes Maß an Vorbereitung zu Hause. Sehen Sie sich alle Zweijährigen an, die im eigenen Land und im Ausland erfolgreich gelaufen sind, besonders aber die im eigenen Land, da diese Erfolge die größten Auswirkungen auf den Inlandsmarkt haben. Überlegen Sie sich, welche davon wohl weitertrainiert werden und Aussichten haben, auch als Dreijährige mit Erfolg zu laufen, und schreiben Sie sich ihre Abstammung mütterlicherseits auf.

Heben Sie sich die Ergebnisse aller Jährlingsauktionen auf. In England werden sie z. B. in The Sporting Life, Horse and Hound und The Irish Field veröffentlicht.

Kaufen Sie The Statistical Record Return of Mares, das sämtliche Jährlingsauktionen eines Jahres umfaßt, und ein Timeform Black Book des laufenden Jahres.

Wenn Sie Ihren Fohlenverkaufskatalog erhalten, lesen Sie ihn durch und notieren Sie sich von jedem Pferd, das Sie interessiert:

1. Von wem Halb- oder Vollbruder bzw. -schwester des Jährlings abstammen, wieviel er (sie) brachte, falls er verkauft wurde, und - besonders wichtig - an wen er verkauft wurde (der Trainer ist insofern von Bedeutung, als er die Gewinnchancen des Jährlings im kommenden Jahr einschätzen kann). Wurde er nicht verkauft, notieren Sie sich den Züchter. Daraus können Sie vielleicht schließen, bei wem er trainiert wird, wenn der Züchter ihn behalten hat. Wenn die zweite Mutterstute jung genug ist, um ebenfalls ein Jährlingsfohlen zu haben, schreiben Sie auch von diesem die Daten auf und versuchen Sie, sich ein Bild von seinen Qualitäten zu machen.

2. Als nächstes schauen Sie im Jahresrennkalender nach, wie der Zweijährige gelaufen ist. Gehörte er dieses Jahr nicht gerade zu den Siegern, müssen Sie sich selbst ein Bild von seinen Chancen als Dreijähriger machen. Es ist klar, daß es Ihre Chance, einen guten Fang zu machen, nur steigern kann, wenn diese Abstammung erst dann in den Gewinnlisten erscheint, wenn Sie Ihr Fohlen schon gekauft haben - besonders, wenn es sich um Sieger in klassischen Rennen handelt.

Schreiben Sie sich die Fohlen heraus, an denen Sie interessiert sind.

3. Schauen Sie sich die Abstammung väterlicherseits an und geben Sie den Hengsten in Gedanken Punkte dafür, wie sie "in Mode" sind. Streichen Sie alle, von denen Sie wissen oder glauben, daß sie nicht in Mode sind bzw. sein werden. Wenn Sie lieber nicht auf die zukünftige Beliebtheit eines bestimmten Hengstes spekulieren wollen, kaufen Sie besser Fohlen von einem bekannten Hengst oder von einem Hengst in seiner ersten Decksaison - die letzteren sind immer recht gefragt.
Wenn Sie aber gern ein Risiko eingehen, kaufen Sie Fohlen von Hengsten, deren erste Nachkommen im nächsten Jahr zum ersten Mal laufen. In diesem Fall müssen Sie sich auf Ihre Intuition vertassen und das Beste hoffen. Stellt sich heraus, daß der Hengst nichts taugt, bleiben Sie auf Ihrem Fohlen sitzen; haben seine Nachkommen aber Erfolg, winkt Ihnen mit einiger Sicherheit auch ein schöner Profit. Sie können das Risiko etwas kleiner halten, wenn Sie sich ansehen, welche Stuten dem Hengst in der ersten Saison zugeführt wurden, und daraus zu ersehen versuchen, welche der lebenden Fohlen als Zweijährige vielleicht Chancen haben. Auch hier ist es wichtig, bei wem sie trainiert werden. Auch die Anzahl der lebenden Fohlen ist ein gewichtiger Faktor.

4. Zum Schluß sehen Sie sich die noch übrigen Fohlen unter dem Gesichtspunkt an, ob eines davon eng mit einem Pferd verwandt ist, von dem man im nächsten Jahr eine hervorragende Saison als Dreijähriger erwarten kann oder der Ihren Nachforschungen zufolge Chancen hat, als Zweijähriger groß herauszukommen.

Jetzt sind Sie mit einer Liste möglicher Kandidaten ausgerüstet - auf dem Papier. Als nächstes schreiben Sie sich die Kopfnummern auf, an denen Sie interessiert sind, und dann legen Sie den Katalog beiseite, damit Sie sich nicht irgendwie von der Abstammung beeinflussen lassen. Sehen Sie sich nun jedes einzelne Fohlen auf Gebäude und Gesundheit hin an. Gehen Sie systematisch vor, sonst übersehen Sie leicht etwas Wichtiges - Fohlen werden immer so verkauft, wie sie dastehen, ohne jede Garantie. Eine empfehlenswerte Methode ist es z. B., eine eigene Inspektionsliste aufzustellen und einfach der Reihe nach die folgenden Punkte abzuhaken:

Kopfnr.	
Allgemeiner Eindruck	
Größe	
Genitalien	Augen
Kopf	Maul und Zähne
Beine	
Hufe	Gang
Temperament	
Herz	

Der erste Eindruck ist sehr wichtig, und es ist sehr praktisch, sich ein eigenes Bewertungssystem auszudenken, z. B. von 1 - 10 Punkten oder einfach +, ++, +++ etc., je nachdem, wie gut Ihnen ein bestimmtes Fohlen gefällt. Auch für diejenigen, die das Fohlen als Jährling kaufen sollen, wird der erste Eindruck entscheidend sein, weil sie es wahrscheinlich nicht lange genug beobachten können um zu beurteilen, ob es sich noch auswächst - deshalb ist es sehr wichtig, daß es auf den ersten Blick gefällt.

Die Größe des Fohlens muß man im Zusammenhang mit dem Geburtsdatum und Art der Aufzucht sehen. Die Endgröße des ausgewachsenen Pferdes muß ebenfalls geschätzt werden. Ein überbautes Fohlen wächst wahrscheinlich noch, und auch hochbeinige Fohlen wachsen sich im allgemeinen gut aus, allerdings ist hier die Gurtentiefe in Betracht zu ziehen. Fohlen ohne Gurtentiefe sehen zwar hochbeinig aus, wachsen aber nie zu gut entwickelten Pferden heran. Unter Röhren versteht man den Umfang des Röhrbeins, gemessen unmittelbar unterhalb des Vorderfußwurzelgelenks. Von der Seite gesehen darf das Röhrbein an dieser Stelle nicht wesentlich schmäler sein als weiter unterhalb, sonst handelt es sich um ein "geschnürtes" Bein, d. h. um eine strukturelle Schwäche an dieser Stelle. Kräftige

Knochen sind zwar wünschenswert, aber auch ein leichteres Pferd ist deshalb nicht gleich völlig abzuschreiben, wenn alle anderen Faktoren stimmen. Es darf allerdings nicht gleichzeitig zu mastig sein, weil es dann schwer zu trainieren ist.

Besonders kräftiger Knochenbau geht oft zusammen mit einer gewissen Grobheit, während leichte Knochen oft in Verbindung mit Qualität anzutreffen sind. Hengstfohlen haben im allgemeinen einen kräftigeren Knochenbau als Stutfohlen. Im übrigen sollten wie bei allen anderen Faktoren auch die jeweils vorherrschenden Geschmacksrichtungen und Modetendenzen des Marktes berücksichtigt werden. Der Kopf muß hübsch sein. Wenn ein Käufer sich ein Pferd ansieht, sieht er wahrscheinlich als erstes den Kopf, weshalb ein großer, unschöner Schädel mit Ramsnase wenig wünschenswert ist, auch wenn das Pferd damit durchaus seine Rennen gewinnen kann. Sehen Sie sich das Maul an: die Vorderzähne müssen genau aufeinander stehen, obwohl ein leichter Überbiß nicht allzu sehr ins Gewicht fällt, wenn sich die Zähne noch berühren. Wenn sie sich nicht mehr berühren (Papageienschnabel), wird das Pferd immer Schwierigkeiten beim Grasen haben und deshalb schwer zu füttern sein. Pferde mit dieser Gebißanomalie sind nicht sehr gefragt.

Sehen Sie sich bei Hengstfohlen die Genitalien an - beide Hodensäcke müssen deutlich zu sehen sein. Ist nur einer oder überhaupt keiner sichtbar, bitten Sie besser den diensthabenden Tierarzt der Auktion, das Fohlen für Sie zu untersuchen, wenn Sie an ihm interessiert sind. Er kann dann gleichzeitig Herz und Augen untersuchen und auch alles andere noch einmal überprüfen; es könnte ja sein, daß Ihnen etwas Wichtiges entgangen ist.

Sehen Sie sich Gliedmaßen und Gelenke an, am besten noch während das Fohlen sich in der Box befindet, und bitten Sie dann den Pfleger, es Ihnen im Schritt vorzuführen. Überzeugen Sie sich, daß es gerade geht, weder zeheneng noch zehenweit gestellt ist und einen wirklich raumgreifenden Schritt hat. Einen leicht nach innen oder außen verstellten Huf kann der Schmied ohne Schwierigkeiten innerhalb einiger Monate korrigieren, falls wirklich nur der Huf verstellt ist. Wenn das Bein ganz oder teilweise schon weiter oben falsch eingeschient ist, kann keine Hufkorrektur mehr etwas daran ändern. Achten Sie außerdem auf Anzeichen von Spat, Knochenauftreibungen oder dicke Gelenke und den allgemeinen Gesundheitszustand. Sehen Sie sich die Hufe an. Sie müssen gut geformt sein und zueinander passen - einen Jährling mit Bockhuf oder sonstigen Hufanomalien wird niemand wollen.

Wenn Sie alle Fohlen gesehen haben, an denen Sie interessiert waren, gehen Sie in Ruhe alle bisher gesammelten Informationen noch einmal durch und stellen Sie eine endgültige Liste auf.

Wenn Sie auf der Auktion oder zu Hause nur über begrenzte Unterbringungsmöglichkeiten verfügen, ist es einfacher, nur Hengst- oder nur Stutfohlen zu kaufen. Hengstfohlen erzielen als Jährlinge im allgemeinen etwas bessere Preise, dafür ist aber das Risiko, im Falle einer Verletzung Geld einzubüßen, bei Stutfohlen geringer. Man kann sie immer noch in die Zucht verkaufen, besonders wenn sie gut gezogen sind. Ein krankes Hengstfohlen ist dagegen kaum abzusetzen, auch wenn es noch so gut gezogen ist. Die meisten Käufer suchen zukünftige Deckhengste mit überdurchschnittlicher Rennleistung und gutem Aussehen.

Es zahlt sich aus, beim Bieten einen Platz zu belegen, von dem aus man das Fohlen gut beobachten kann - wenn es vorgeführt wird und besser noch, bevor es aufgeboten wird, damit man es noch einer letzten Musterung unterziehen kann.

Wenn Sie einen Zuschlag erhalten, zahlt es sich immer aus, vom Züchter oder Pfleger soviel wie möglich über bisherige Fütterung usw. zu erfragen. Bitten Sie sie gegebenenfalls, das Tier noch einmal zu füttern, bevor sie wegfahren; dann haben Sie eine Sorge weniger. Die letzte Verantwortung, daß es auch wirklich geschehen ist, liegt allerdings bei Ihnen; überzeugen Sie sich also lieber davon. Bringen Sie ein paar kleine, verstellbare Jährlingshalfter mit und legen Sie diese den Fohlen an - Halfter sind im Verkaufspreis nicht inbegriffen.

Schließen Sie so früh wie möglich, am besten noch vor der Versteigerung, eine Versicherung ab, so daß die von Ihnen gekauften Tiere vom Augenblick des Zuschlags an versichert sind. Holen Sie sich etwaige Impfbescheinigungen von der Auktionsleitung und vergewissern Sie sich, wann die Fohlen weggebracht werden müssen, damit Sie rechtzeitig Ihre Vorbereitungen treffen können. Wenn Sie mehrere Tiere kaufen und einige schon abgeholt werden müssen, bevor Sie alle transportieren können oder Ihre letzten Käufe getätigt haben, hilft die Auktionsleitung im allgemeinen bei der Unterbringung, wenn Sie selbst keine Kontakte haben. Die meisten für die Auktion bestimmten Fohlen sind vorher sehr gut gefüttert und womöglich eine Woche im Stall gehalten worden. Deshalb muß man sehr umsichtig vorgehen, wenn man sie zum ersten Mal ins Freie läßt. Am besten läßt man zuerst nur zwei Fohlen zusammen auf eine flache, gut eingezäunte Koppel und wartet, bis sie sich beruhigt haben, bevor man das nächste Fohlen herausläßt. Läßt man alle gleichzeitig heraus, rasen sie mit größter Wahrscheinlichkeit wie die Wilden herum, und es kann dann durchaus vorkommen, daß eines oder mehrere durch oder über den Zaun gehen.

Nehmen Sie den Fohlen nicht die Halfter ab, wenn Sie sie auf die Koppel lassen. Sonst lassen sie sich womöglich nicht mehr einfangen. Sie werden sich schnell an ihre neue Umgebung und die Menschen, die täglich mit ihnen umgehen, gewöhnen.

DIE KASTRATION

Bei der Kastration werden die männlichen Keimdrüsen, die Hoden, entfernt, was die Tiere weniger eigenwillig und leichter zu behandeln machen soll. Je nach dem Alter, in dem das Pferd kastriert wird, entfallen damit in kleinerem oder größerem Ausmaß auch die sekundären Geschlechtsmerkmale. Als Jährlinge kastrierte Pferde entwickeln keinen Hengsthals, keine typische Hengststimme und auch nicht die von Natur aus aggressive Haltung. Kastrierte Pferde sind ungefährlich zu reiten und können mit Stuten zusammen auf die Koppel gehen. Manchmal springen sie auch besser.

Ein kastriertes Pferd nennt man einen Wallach. Die Operation muß vom Tierarzt durchgeführt werden und ist erst dann möglich, wenn beide Hoden in den Hodensack abgestiegen sind. Normalerweise ist das schon bei der Geburt der Fall, manchmal steigen sie aber auch erst mit etwa 18 Monaten ab. Gelegentlich findet man Pferde, bei denen nur ein Hoden abgestiegen ist, und noch seltener sind solche, bei denen keiner deszendiert ist. Man nennt solche Tiere Spitz- oder Klopphengste, der wissenschaftliche Ausdruck dafür ist "Kryptorchide".

Die beste Zeit für die Operation ist das Frühjahr, wenn keine Nachtfröste mehr zu befürchten und die Fliegen noch nicht unterwegs sind, oder aber der Herbst, wenn die Zeit der Fliegen schon vorüber ist, die Nachtfröste aber noch nicht eingesetzt haben. Die Nacht vor der Operation läßt man das Pferd hungern, besonders wenn eine Vollnarkose erforderlich ist. Wenn der Tierarzt die Operation bei Ihnen zu Hause und unter Vollnarkose ausführt, sollte sie auf einem ebenen Stück Weide ohne Hindernisse und in guter Entfernung vom Zaun stattfinden, damit sich das Tier nicht verletzen kann, wenn es zu Boden geht oder wieder auf die Füße kommt.

Pferde werden entweder liegend unter Vollnarkose oder im Stehen mit örtlicher Betäubung kastriert.

Viele Pferdehalter ziehen die örtliche Betäubung vor, weil die Verletzungsgefahr weniger groß ist, wenn das Pferd stehen bleibt, aber dann müssen die Tiere sehr gut erzogen sein. Andernfalls ist die Gefahr sowohl für das Pferd als auch für den Tierarzt noch viel größer. Eine Vollnarkose ist auf jeden Fall erforderlich bei Kryptorchismus oder Verdacht auf Hodensackbruch. In solchen Fällen würden bei einer im Stehen ausgeführten Operation die Eingeweide durch den Schnitt vorfallen, was sehr wohl zum Tode führen kann.

Nach einer Kastration unter Vollnarkose muß jemand solange bei dem Pferd bleiben, bis es wieder zu sich kommt. Am besten schnallt man eine Longierleine in das Halfter ein, damit man das Pferd unter Kontrolle hat, wenn es aufwacht. Auf jeden Fall darf man anfangs nicht zu nahe an das Pferd herangehen, weil es durchaus vorkommen kann, daß es bei seinen ersten Versuchen, wieder auf die Füße zu kommen, erst einmal umfällt und den Menschen unter sich begräbt. Wenn es steht, führt man es einige Minuten im Schritt und läßt es dann mitten auf der Koppel frei.

Bewegung ist nach der Kastration sehr wichtig, weil dadurch Schwellungen an den Hinterbeinen und dem Hodensack vermieden werden. Pferde, die aus irgendeinem Grund nach der Kastration im Stall gehalten werden, müssen jeden Tag longiert und die Einstreu muß sehr sauber gehalten werden. Kommt es zu einer ungewöhnlichen Schwellung des Hodensacks, ist der Tierarzt zu rufen, weil dann die Gefahr einer Infektion besteht. Es empfiehlt sich auch, etwa zehn Tage lang die Temperatur zu messen, so daß schon ein geringer Anstieg bemerkt wird, bevor noch wirkliche Anzeichen einer leichten Infektion oder einer allgemeinen Blutvergiftung sichtbar werden.

Bei Kryptorchiden ist manchmal eine größere Operation notwendig, weil der nicht abgestiegene Hoden in der Bauchhöhle liegen kann.

Spitzhengste können sehr unangenehm werden. Manche decken mit Erfolg und zeigen viele männliche Verhaltensweisen; sie können z. B. wiehern wie ein Hengst oder mit den Vorderbeinen kämpfen.

Pferde mit wertvoller Abstammung läßt man oft besser unkastriert, bis sich ihr Wert (oder Unwert) auf der Rennbahn oder dem Turnierplatz erwiesen hat. Nichts ist ärgerlicher, als einen Spitzenwallach im Stall zu haben, der als Hengst Tausende mehr wert wäre. Deshalb kastriert man gut gezogene Pferde im allgemeinen erst am Ende ihrer Jährlingszeit bzw. bei Rennpferden nach ihrer Saison als Zwei- bzw. Dreijährige. National Hunt-Pferde werden als Jährlinge kastriert, alle anderen als Fohlen oder als Jährlinge.

LÄNGERFRISTIGE AUFZUCHT JUNGER PFERDE

Bei der längerfristigen Aufzucht wird das Pferd behalten, bis es zumindest drei Jahre alt bzw. ausgewachsen ist, und dann erst eingeritten und verkauft.

Welchen Grad der Reife ein Pferd in einem bestimmten Alter erreicht hat, hängt hauptsächlich von zwei Faktoren ab: Von seiner Veranlagung und seiner Umgebung.

Die meisten Reitpferde sind frühestens mit drei Jahren so fertig, daß sie geritten werden können, und sollten deshalb auch nicht früher eingeritten werden. Aus diesem Grund sind Prüfungen unter dem Reiter auch auf vierjährige und ältere Pferde begrenzt.

Wie schon in Kapitel 3 erwähnt, schließen sich die Epiphysen oder Wachstumsplatten an den langen Röhrenknochen in den Pferdebeinen frühestens mit 18 Monaten endgültig. Die Epiphyse am Ende des Röhrbeins - unmittelbar über dem Fesselgelenk - schließt sich normalerweise schon im Fohlenalter (9 - 12 Monate), während die Epiphyse am Ende des Radius - oberhalb des Vorderfußwurzelgelenks - erst mit 2 - 2 1/2 Jahren geschlossen ist. Der von Jährlingskäufern gern gebrauchte Ausdruck "offenes Knie", der ein offensichtlich noch nicht ausgewachsenes Tier bezeichnet, bezieht sich darauf, bis zu welchem Grad die Epiphyse am Ende des Radius geschlossen ist. Da sich die Knochen hier zuletzt schließen, kann man daraus den allgemeinen Reifegrad jedes jungen Pferdes ablesen. Allein durch den Augenschein läßt sich allerdings nicht mit Sicherheit feststellen, wann sich die Epiphyse geschlossen hat. Aus diesem Grund läßt man heute vielfach bei wertvollen Pferden die Wachstumsplatten vom Tierarzt röntgen, bevor man mit der Arbeit beginnt. Bei den öffentlichen Vollblut-Jährlingsauktionen in Amerika ist es allgemein üblich, daß Röntgenaufnahmen der Wachstumsplatten eingesehen werden können.

Beginnt man bei einem Pferd mit der Arbeit, bevor sich die Epiphysen geschlossen haben, kommt es zu einer Entzündung, die sich bei Jährlingen in einer weichen Schwellung etwas oberhalb des Vorderfußwurzelgelenks äußert (siehe Abbildung 7). Wird das Pferd weiter gearbeitet, wird die Epiphyse breiter, die Entzündung greift weiter um sich, es bildet sich Fasergewebe, und schließlich kommt es zu Knochenwucherungen. Anfangs ist dies nicht mit einer Lahmheit verbunden; das Tier zeigt sich jedoch druckempfindlich. Auf die Dauer kann sich eine Gelenkentzündung entwickeln, die dann zu einer wirklichen Lahmheit führt.

Ideal ist es, Pferde langsam reifen zu lassen und in keiner Periode ihres Wachstums beschleunigend einzugreifen. Genau genommen ist es das schädlichste, was man einem Fohlen antun kann, wenn man es für den Verkauf vorbereitet. Pferde, die man im Gestüt aufzieht, bis sie mit etwa vier Jahren eingeritten werden, sollten gleichmäßig und auf natürliche Weise wachsen dürfen. Dadurch entfallen auch die schädlichen Nebenwirkungen, die sonst eintreten, wenn man die Wachstumsrate eines jungen Pferdes unnatürlich beschleunigt, bevor die Skelettentwicklung abgeschlossen ist. Da Wallache auf lange Sicht einfacher zu halten sind, kastrieren viele Züchter ihre Jährlinge, manche sogar alle Hengstfohlen (siehe Kapitel 11).

Im Gestüt aufgezogene Pferde werden meist als ungerittene Dreijährige auf den Markt gebracht, weil sie zu diesem Zeitpunkt am meisten wert sind. Das bedeutet, daß man ein Pferd 3 - 4 Jahre unterhalten muß, und deshalb müssen sich die Produktionskosten in vernünftigen Grenzen halten. Wenn man nicht das ganze Jahr über genügend billige Weide zur Verfügung hat, versucht man sich besser gar nicht erst mit der Aufzucht junger Pferde. Die Kosten für Personal und Futter wären so hoch, daß es finanziell untragbar wäre.

Es gibt drei Hauptmethoden, junge Pferde aufzuziehen:

''Ganzjährige Weidehaltung''

Trockene Kälte macht den meisten Pferden nichts aus, aber feuchte Kälte halten nur wenige aus. Deshalb ist nach Möglichkeit für Unterstände zu sorgen. Sie sollten nach der Hauptwindrichtung geschlossen sein und auf trockenem, gut dräniertem Grund stehen. Man kann Heuraufen und Futtertröge einbauen, so daß man die Pferde im Winter dort füttern kann, die Vorderseite muß jedoch auf alle Fälle offen bleiben, damit jedes Pferd, das mit einem anderen in Streit gerät, notfalls ohne Schwierigkeiten ausweichen kann. Besonders zur Futterzeit können sonst ernsthafte Unfälle passieren.

Für Pferde, die den ganzen Winter im Freien verbringen sollen, wählt man die trockensten und geschütztesten Koppeln aus, die zur Verfügung stehen. Bei feuchtem Wetter wird eine Pferdekoppel sehr schnell zertrampelt, weshalb auf Hornrisse besonders zu achten ist. Man behandelt sie mit reichlichen Mengen Sulphonylamid und flüssigem Paraffin, zu gleichen Teilen erwärmt und vermischt, um Entzündungen und Lahmheiten (Schlammfieber) vorzubeugen.

Die Kondition junger Pferde darf ein gewisses Mindestmaß nicht unterschreiten, damit der normale Wachtstums- und Reifeprozeß nicht unterbrochen wird. Menge und Qualität des Weidegrases muß deshalb immer sorgfältig beobachtet werden. Ist zuwenig oder zu schlechtes Gras vorhanden, muß sofort zugefüttert werden. Am einfachsten geht das mit einem Landrover, den man mit Heuballen oder Säcken voll Futterpellets belädt und auf die Koppel fährt. Landrover sind sicherer als Traktoren mit Anhängern, weil es immer passieren kann, daß ein Pferd bei der allgemeinen Drängelei über die Kupplung geschubst wird. Als Faustregel gilt: ein Ballen Heu für 2 - 4 Pferde bzw. 50 Pfund Futterpellets für 8 Pferde, je nach Grasmenge.

Werfen Sie Heu und Pellets über die ganze Koppel verstreut so ab, daß von jedem mindestens drei Haufen mehr vorhanden sind als Tiere auf der Weide. Dadurch verhindert man am besten eventuelle Futterstreitigkeiten. Natürlich wirft man das Futter an den saubersten und am besten geschützten Plätzen ab und läßt zwischen den einzelnen Futterhaufen und der nächsten Hecke oder dem Zaun jeweils soviel Platz, daß kein Tier in die Enge getrieben werden kann, wenn es vom Futter weggejagt wird. Man kann das Futter auch im Unterstand ausstreuen oder Futterkrippen aus Metall am Zaun anbringen (siehe Abbildung 21). Salzlecksteine oder Steinsalzbrocken müssen zu jeder Jahreszeit verfügbar sein. Soweit irgend möglich, stellt man die Weidegemeinschaft nach der Größe zusammen. Absatzfohlen und übermütige Dreijährige zusammenzuhalten - und vor allem zu füttern! - bringt mit Sicherheit Schwierigkeiten. Die Fütterung kann eingestellt werden, wenn das Futter im Frühjahr nicht mehr restlos aufgenommen wird.

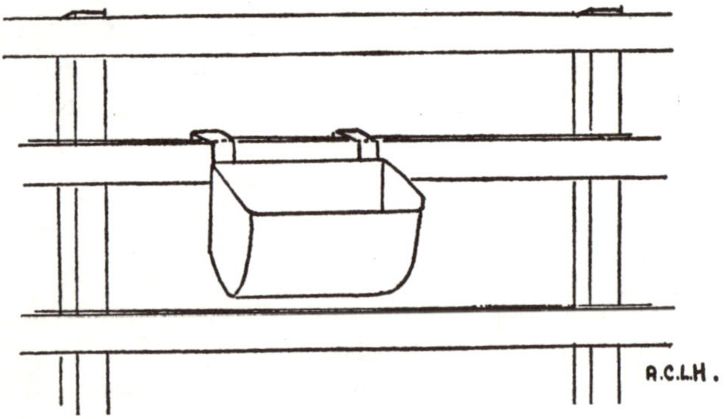

Abbild. 21 Eine Metallkrippe zum Einhängen in den Koppelzaun

Bei Frost müssen die Tränken mindestens zweimal am Tag überprüft werden, damit die Pferde nicht etwa Durst leiden müssen. Notfalls wird das Eis aufgehackt. Automatische Tränkvorrichtungen müssen ebenfalls ständig kontrolliert werden - frei laufende Zuleitungen werden vor Wintereinbruch besser frostsicher verpackt. Der Boden um Tränken und Tore wird weniger zertrampelt, wenn man ihn mit Kreide bestreut.

"Winterhaltung im Laufstall"

Man verwendet Matratzenstreu und mistet erst im Frühjahr aus, wenn die Pferde wieder auf die Weide kommen. Deshalb empfiehlt sich auch ein Stall mit nicht zu niedriger Decke, da er sonst schon im Winter ausgemistet werden muß, wenn die Matratze zu hoch wird.

Im Gegensatz zu Wiederkäuern können Pferde nicht so gut von sehr faserhaltigem Futter leben. Wenn man im Laufstall gehaltenen Pferden ausschließlich Heu füttert, verlieren sie deshalb gewöhnlich an Gewicht, es sei denn, das Heu wäre von überdurchschnittlicher Qualität. Futterkrippen werden in großem Abstand an den Wänden angebracht, damit jedes Pferd in Ruhe fressen kann. Außerdem müssen Salzlecksteine und ein geeigneter Wassertrog vorhanden sein, der regelmäßig gesäubert wird. Sehr wichtig ist gute Belüftung; bei stickiger Luft kann es leicht zu Erkrankungen der Atemwege kommen.

Bei im Laufstall gehaltenen Pferden ist es noch wichtiger, nicht zu verschiedene Größen zusammenzustellen, damit es nicht zu Unfällen kommt. Die Haltung im Laufstall hat den Vorteil, daß die Pferde nicht bei nassem Boden draußen sind und die Koppeln um diese Zeit nicht mehr aufgewühlt werden. Auch die Gefahr von Hornspalten wird dadurch verringert. Sowohl bei Weidehaltung als auch bei Laufstallhaltung müssen die Hufe regelmäßig nachgesehen werden. Da sich der Huf auf weichem Boden nicht abnützt, verliert er bald die Form, wenn man sich nicht darum kümmert, und das kann später schwierig zu korrigieren sein. Wenn sich die Koppeln den Winter über erholen können, werden sie außerdem schneller wieder grün.

"Boxenhaltung mit täglichem Weidegang"

Wenn die Boxen jeden Tag ausgemistet werden, sind die Arbeitskosten bei diesem System so hoch, daß es für die Aufzucht junger Pferde untragbar wird, falls der Züchter das Unternehmen nicht nur als Hobby betrachtet und die ganze Arbeit allein macht. Im anderen Fall muß Matratzenstreu verwendet werden.

Wenn die Pferde täglich hereingeholt werden, kommen sie täglich mit Menschen in Berührung und verwildern nicht, wie es bei ganzjähriger Weidehaltung leicht geschieht. Ein weiterer Vorteil dieses Systems besteht darin, daß man weiß, wieviel Futter jedes Pferd erhält, so daß besonders gierige Fresser sich nicht auf Kosten friedliebenderer Gefährten mästen können.

Boxen müssen auch dann vorhanden sein, wenn die Tiere ihr ganzes Leben im Freien verbringen. Es kann immer einmal vorkommen, daß ein krankes oder verletztes Pferd in eine Boxe gebracht werden muß. Auch Hufpflege oder Wurmkuren lassen sich bei jungen Pferden leichter durchführen, wenn sie in einer Boxe stehen. Außerdem bedeutet es, daß sie von Zeit zu Zeit wieder mit Menschen zu tun haben.

Jährlinge, Zwei- und Dreijährige können während des ganzen Sommers in England auf Ausstellungen gezeigt werden, wenn sie korrekt und hübsch genug sind. Wenn sie jedes Jahr ein paarmal vorgestellt werden, sind sie mit drei Jahren ganz von selbst gut erzogen. Als Faustregel für Reitpferde kann gelten, daß Hengstfohlen am Ende des Jahres etwa 145 cm, Stutfohlen etwa 5 cm weniger haben sollten, wenn sie auf regionaler Ebene noch Erfolg haben sollten. Als Zweijährige sollten sie etwa 162 cm Stockmaß haben. Auf manchen Vollblutauktionen sind auch Halbblüter zugelassen, wenn sie für Hindernisrennen in Frage kommen. Die gewinnträchtigsten Auktionen finden Anfang Juni statt.

(Viele Zuchtverbände halten jedes Jahr eigene Auktionen ab.) In England wird ein Kauf heute meist erst nach einer vom Käufer, nicht vom Verkäufer, veranlaßten tierärztlichen Untersuchung rechtskräftig. Dieses Verfahren wurde sowohl vom Royal College of Veterinary Surgeons als auch von der British Veterinary Assocciation empfohlen. Auf allen Auktionen stehen zu diesem Zweck Tierärzte zur Verfügung. Der Verkäufer kann das Pferd, das er verkaufen will, zu seiner eigenen Beruhigung zu Hause vom Tierarzt untersuchen lassen, aber meist wird ihm der untersuchende Tierarzt kein Attest mehr ausfertigen, das bei der Auktion verlesen werden könnte.

Wenn ein Pferd einen kleineren Unfall hatte, der leichte Spuren hinterlassen hat, läßt man sich besser vom Tierarzt beraten, ob die Sache erwähnt werden muß oder nicht. Ist nichts mehr zu sehen, erwähnt man es auch meist besser nicht. Wenn man Fohlen oder Jährlinge mit sichtbaren Verletzungen verkaufen will, ist es besser, von vornherein eine Röntgenaufnahme und ein ärztliches Attest parat zu haben, als den potentiellen Käufer raten zu lassen, wie schwer und folgenreich die Verletzung sein könnte.

Zweijährigen und älteren Pferden gibt man gewöhnlich eine kurze Beschreibung ihres Werdeganges mit:

Diese(r) . . . . ist ungeritten, aber gut erzogen (stall- und schmiedefromm ?)

ist am langen Zügel gearbeitet (?)

ist an die Trense gewöhnt und läßt aufsitzen, ist aber ungeritten

wurde im Betrieb spazierengeritten

wurde im letzten Winter eingeritten und dann zur völligen Reife wieder auf die Koppel gestellt

garantiert noch nicht öffentlich unter dem Reiter gestartet (nur bei eingerittenen Pferden).

Es zahlt sich nicht aus, wissentlich einen Fehler zu verschweigen, wenn man Wert auf einen guten Namen als Züchter legt. Ehrlich währt immer noch am längsten.

DIE KUNST DES VERLADENS IN HÄNGER ODER TRANSPORTER

Heutzutage werden so gut wie alle Pferde und Ponys irgendwann im Leben einmal verladen und im Hänger oder Transporter irgendwo hingebracht. Ausstellungstiere, Jagd- oder Rennpferde verbringen wahrscheinlich sogar einen großen Teil ihres Lebens auf der Straße. Man sollte sie deshalb schon früh an das Verladen und den Transport gewöhnen.

Ein Gestüt muß über spezielle Ein- und Auslademöglichkeiten verfügen. Auch wenn Sie selbst nur einen Hänger besitzen, müssen Sie immer damit rechnen, daß ein Käufer sein Pferd mit einem großen Transporter abholen kommt. Hänger sind mit niedrigen Rampen versehen, so daß man dafür nur eine ebene Verladerampe oder einen ruhigen Ort benötigt, wo man den Hänger dicht an eine Wand fahren kann. Der Hänger muß aber auch wirklich ganz dicht an der Wand stehen, damit ein Pferd nicht von der Rampe abrutschen und sich das Bein zwischen Rampe und Wand einklemmen kann. Für Transporter ist der Bau einer Verladerampe (siehe Abbildung 22) nahezu unumgänglich.

Der Standort wird so gewählt, daß auch große Transporter leicht wenden können, und der Boden vor der Rampe muß so fest sein, daß er auch bei feuchtem Wetter von schwergewichtigen Fahrzeugen befahren werden kann. Bei den meisten Transportern ist die Laderampe links, sie müssen also genügend Platz haben, um mit der linken Seite an die Rampe heranfahren zu können.

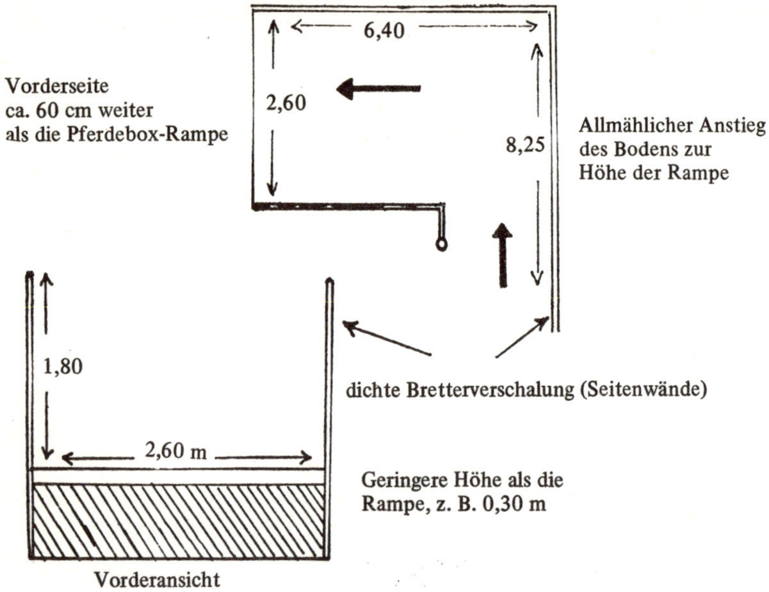

Abbild. 22 Anlage und Maße einer Verladerampe

Pferde lassen sich an einem ruhigen Platz außer Sichtweite von anderen Tieren viel einfacher verladen; deshalb baut man die Verladerampe außer Sicht von den Koppeln. Aus diesem Grund ist es auch besser, den Führgang zu der eigentlichen Rampe mit hohen Seitenwänden zu versehen. Der Boden im Führgang soll allmählich bis zur Höhe der Rampe ansteigen. Die Bodenoberfläche muß eine gute Dränage besitzen oder mit Gras bewachsen sein, auf jeden Fall darf sie nicht rutschig oder glatt sein. Das ist besonders für das Ausladen wichtig, weil manche Pferde mit Vorliebe von der Rampe herunterspringen. Der Führgang muß auch so lang sein, daß das Pferd leicht hineingeführt werden kann, wenn der Transporter schon fertig zum Verladen an der Rampe steht, und außerdem muß er so angelegt sein, daß das Pferd nicht an dem Fahrzeug vorbeigeführt werden muß.

Beim Transport von Mutterstuten mit Fohlen bei Fuß ist folgendes zu beachten:

Wenn das Fohlen in das vordere Abteil des Hängers gelangen kann oder im Pflegerabteil untergebracht wird, muß die Pflegertür von außen sicher verschlossen sein, damit sich die Tür nicht aus Versehen öffnen kann, wenn das Fohlen sich etwa gegen den Griff lehnt.

Fenster, die so tief angebracht sind, daß das Fohlen sie erreichen kann, müssen mit Maschendraht geschützt werden, damit sich das Fohlen auf keinen Fall verletzen kann.

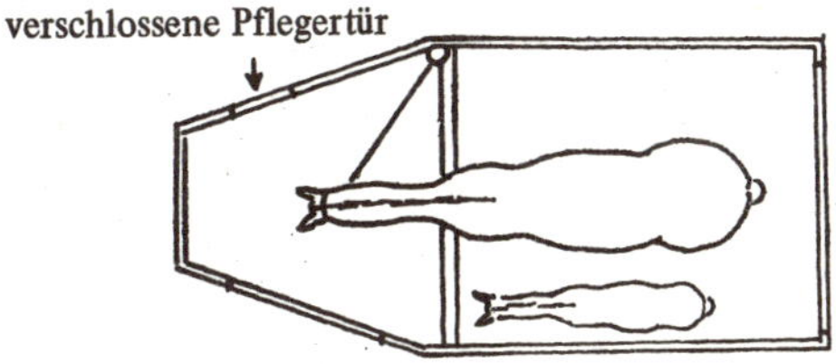

Abbild. 23 Zweipferde-Hänger ohne Trennwand für den Transport einer Stute mit Fohlen

Für den Transport von Stuten mit Fohlen bei Fuß entfernt man im Zweipferde-Hänger am besten die Trennwand (siehe Abbildung 23) und verwandelt ihn so in eine Art große Boxe (dasselbe gilt für Transporter). Bei Zweipferde-Hängern verhindert eine brusthoch angebrachte Stange, daß die Stute beim Bremsen nach vorn rutscht. Man bindet die Stute an, nicht aber das Fohlen, das am besten noch nicht einmal ein Halfter trägt, damit es sich während der Fahrt nirgends verhaken kann. Die Bruststange kann man zusätzlich noch mit Schaumgummi abpolstern, damit das Fohlen unbeschadet darunter durchkriechen kann. Da Fohlen sich während der Fahrt gern hinlegen, muß das Abteil gut eingestreut sein.

Werden in Transportern oder Hängern Heunetze verwendet, müssen sie so fest und so hoch wie möglich angebracht werden, vorzugsweise mit zwei Stricken. Sie werden im Verlauf der Fahrt regelmäßig überprüft, denn wenn sie sich lösen, kann sich ein Pferd leicht mit dem Fuß darin verfangen. Stuten mit Fohlen bei Fuß dürfen nicht im Ständer oder in Einpferde-Hängern transportiert werden, weil darin nicht genügend Platz für beide ist. Die einzige Möglichkeit ist, das Fohlen im Vorderteil des Einpferde-Hängers zu transportieren und eine Trennwand zwischen ihm und der Mutter einzuhängen bzw. es im Pflegerabteil eines Transporters unterzubringen (siehe Abbildung 24). Wenn ein Fohlen im Pflegerabteil reist, ist darauf zu achten, daß kein anderes Pferd es während der Fahrt beißen kann. Bei sehr jungen Fohlen - unter einem Monat - muß alle zwei Stunden eine Pause eingelegt werden, damit sie bei der Mutter trinken können. Ältere Fohlen halten es etwas länger ohne Milch aus.

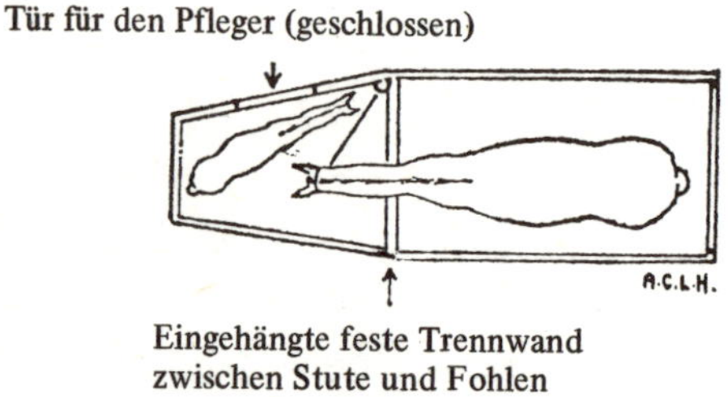

Abbild. 24 Einpferde-Hänger mit eingehängter fester Trennwand für den Transport einer Stute mit Fohlen

Die beiden oberen Türflügel bleiben besser geschlossen, wenn man Stuten mit Fohlen bei Fuß transportiert, erstens zur Vermeidung von Zugluft und zweitens, damit ältere Fohlen nicht während der Fahrt hinausspringen können. Bei Hitze muß jedoch für irgendeine Art von Belüftung gesorgt werden. Dazu bindet man den linken Flügel zurück oder hängt ihn ganz aus und ersetzt ihn durch ein mittelfeines Maschendrahtgitter, das an den Angeln und Riegeln befestigt wird (siehe Abbildung 25). Dadurch kommt genügend Frischluft in den Hänger, ohne daß ein Fohlen hinausspringen kann. Die rechte Seite bleibt geschlossen, damit sich die Stute nicht umdreht und die Sicht auf den Überholverkehr versperrt.

Ein Pferd in einen Hänger oder Transporter zu bugsieren, kann eine sehr mühsame Aufgabe sein, wenn man sich nicht in die

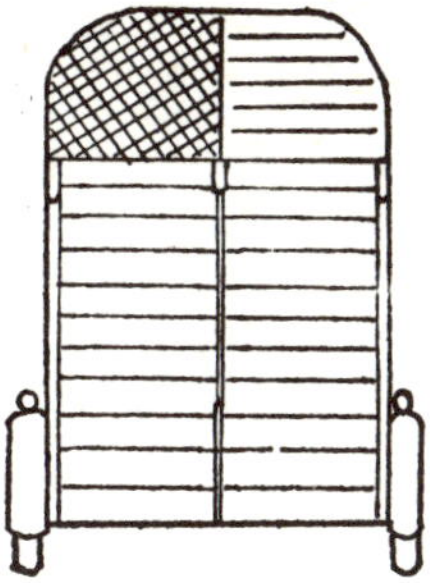

Abbild. 25 Die Verwendung von feinem Maschendraht zur Belüftung eines Hängers

Lage des Pferdes versetzen kann und mit einiger Überlegung vorgeht. Dann wird das, was vorher unmöglich schien, plötzlich ganz leicht.

Die meisten Pferde sind bereit mitzumachen, wenn sie sich in einem so engen Raum befinden, daß sie weder Platz noch Gelegenheit haben, sich aufzuspielen. Deshalb ist die bereits beschriebene Verladerampe ein fast unumgängliches Hilfsmittel, um Pferde im Transporter zu befördern. Bei Hängern darf man nie vergessen, daß man nur bei bekanntermaßen leicht zu verladenden Tieren versuchen sollte, sie mitten auf einem freien Platz einzuladen. In allen anderen Fällen stellt man den Hänger dicht an eine Wand oder einen engen Durchgang. Manchmal betritt ein nervöses Pferd einen Hänger leichter, wenn der obere Türflügel der Vorderrampe offen ist, so daß mehr Licht in den Hänger fällt.

Pferde scheuen vor jedem Boden zurück, der sich nicht ganz fest anfühlt. Es ist deshalb immer darauf zu achten, daß die Rampen gut auf dem Boden aufliegen und sich nicht bewegen. Bei unebenem Boden unterlegt man die Rampe solange mit Steinen oder Brettern, bis sie sich nicht mehr bewegen kann, wenn das Pferd sie betritt.

Junge oder unerfahrene Pferde entschließen sich eher, eine Rampe zu betreten, wenn der Boden im Hänger bzw. Transporter, die Rampe und die Fläche unmittelbar vor der Rampe mit Stroh bedeckt sind, was ihnen ein weniger furchteinflößendes Aussehen verleiht. Die Rampe sollte so wenig wie möglich ansteigen - daher auch die Verwendung einer Verladerampe wie in diesem Buch beschrieben. Bei jungen oder unerfahrenen Pferden öffnet man den Ständer bzw. das Abteil, in das sie hineingehen sollen, so weit wie irgend möglich, und zwar indem man die Trennwand zur Seite schiebt (siehe Abbildung 26) und erst wieder in Position bringt, wenn das Pferd an seinem Platz steht. Bevor die Wand wieder endgültig eingehängt wird, hängt man den rückwärtigen Gurt ein oder schließt die Rampentür, damit das Pferd nicht erschrickt und rückwärts wieder hinauszukommen versucht, wenn die Trennwand herumgeschwenkt wird.

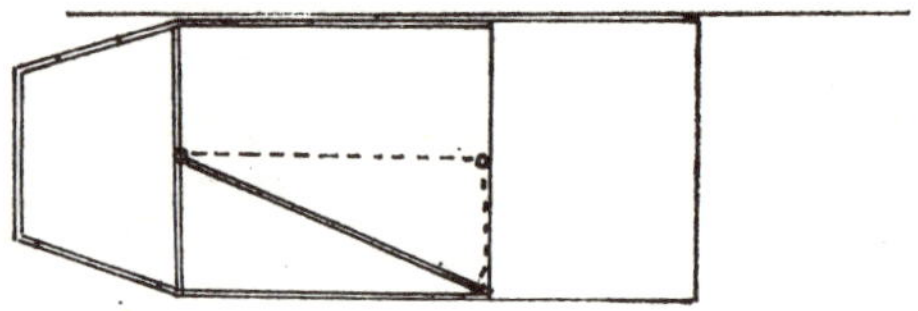

Abbild. 26 Mittlere Trennwand zum Einladen zur Seite geschoben

Die Person, die das Pferd anführt, geht in Kopfhöhe neben dem Pferd und darf sich unter keinen Umständen nach ihm umdrehen und es ansehen. Nichts bringt ein Pferd schneller zum Stehen, als wenn man sich nach ihm umwendet und es direkt ansieht. Erst wenn der rückwärtige Gurt eingehakt oder die Rampentür geschlossen ist, darf sich diese Begleitperson unter der Bruststange durchducken. Wenn sich ein Pferd doch noch entschließt, plötzlich rückwärts wieder aus dem Hänger oder Transporter hinauszudrängen, müßte er es sonst loslassen. Aus demselben Grund bindet man das Pferd auch erst dann an, wenn der Ausgang sicher verschlossen ist. Im anderen Fall würde es mit ziemlicher Sicherheit sein Halfter zerreißen.

Wenn man nur ein Pferd in einem Zweipferde-Hänger befördert, gleicht man die natürliche Wölbung der Straßenoberfläche am besten dadurch aus, daß man das Pferd auf die rechte Seite stellt. Bei zwei Pferden befördert man das schwerere auf der rechten Seite. Bei Stuten mit Fohlen bindet man nur die Stute an, und zwar am rechten Anbindering. Zum Anbinden verwendet man einen Knoten, der sich im Notfall leicht wieder aufziehen läßt. Bei zwei Pferden setzt man entweder eine Trennwand in Kopfhöhe ein oder bindet sie so kurz an, daß sich ihre Nasen nicht berühren können. Es könnte sonst während der Fahrt zu einer Beißerei kommen. Damit das Halfter nicht gleich reißt, wenn ein Pferd einmal plötzlich den Kopf hochwirft, bindet man manchmal den Halfterstrick erst an eine Schleife aus Schnur, die am Anbindering befestigt ist.

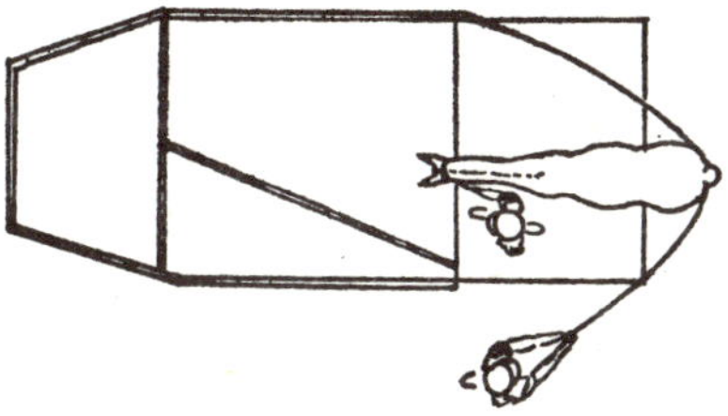

Abbild. 27 Manche Pferde lassen sich besser verladen, wenn man oberhalb des Sprunggelenks eine Longe um die Hinterhand legt

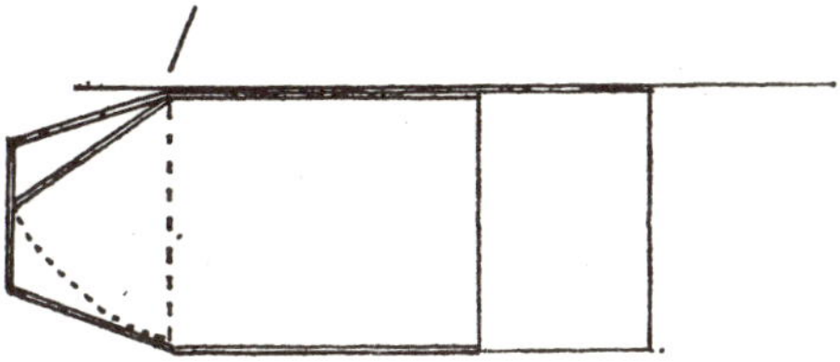

Abbild. 28 Stange im Vorderteil des Hängers ausgeschwenkt, um Stute und Fohlen beim Einladen soviel Platz wie möglich zu lassen

Manche Pferde lassen sich besser verladen, wenn man eine Longe auf der anderen Seite des Hängers befestigt, sie dem Pferd oberhalb der Sprunggelenke um die Hinterhand legt und straffzieht. Diese Methode hat den Vorteil, daß man nicht viel Personal braucht (siehe Abbildung 27).

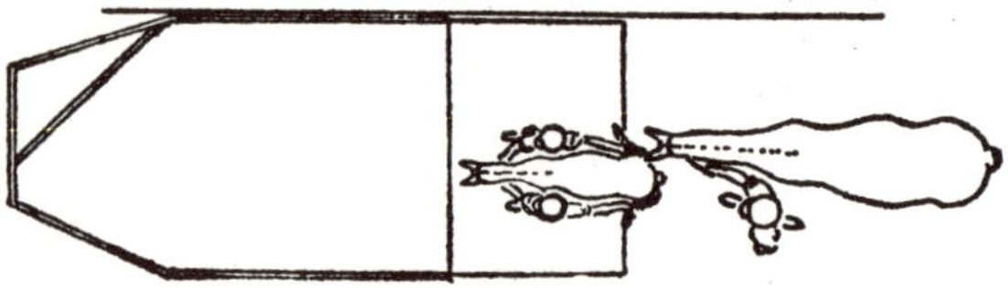

Abbild. 29 Das Fohlen wird zuerst hineingeführt, die Stute folgt dichtauf

Stuten mit Fohlen bei Fuß, besonders mit sehr jungen Fohlen, gehen oft williger in einen Hänger, wenn man die Stange an der Vorderseite entfernt (siehe Abbildung 28) und ihnen damit ein Höchstmaß an Platz bietet. Außerdem verlädt man zuerst das Fohlen und bringt es in das Vorderteil des Hängers. Wenn man die Stute die ganze Zeit so nah wie möglich bei ihrem Fohlen läßt, folgt sie gewöhnlich ohne größere Schwierigkeiten nach (siehe Abbildung 29). Wenn die Rampe geschlossen ist, wird die Stange wieder eingehängt.

Bei Pferden, die öffentlich gezeigt oder auf eine Auktion gebracht werden sollen, empfiehlt sich ein Schweifschutz, damit sie sich nicht während der Fahrt die Schweifwurzel aufscheuern können, was erstens häßlich aussieht und es zweitens unmöglich macht, den Schweif einzuflechten, wenn dies verlangt wird. Es ist deshalb allgemein üblich, die Pferde mit einbandagiertem Schweif oder Schweifschoner zu transportieren. Um den Schweif sauber zu halten, kann man ihn auch zusätzlich in ein abgeschnittenes Hosenbein stecken, das mit einer wie üblich gewickelten Schweifbandage festgehalten wird. Pferde, die an einen Deckengurt gewöhnt sind, können auch mit einem Schweifschoner ausgestattet werden. Die Rampe wird trittfreundlicher und die Verletzungsgefahr für Schweif, Hinterhand und Sprunggelenke drastisch vermindert, wenn man Kokosmatten auf die Rampentür des Hängers nagelt. Transportgamaschen gewähren weiteren Schutz, besonders an den Hinterbeinen.

Bei vielen Hängern und Transportern reicht die Trennwand nicht ganz bis auf den Boden. Während der Fahrt stehen die Pferde meist mit gespreizten Beinen, um das Gleichgewicht zu halten, und dabei reiben die Fesseln oft an der Unterseite der Trennwand. Für solche Fälle ist es zu empfehlen, die Pferde vor dem Verladen zu bandagieren. Wenn die Pferde vor einer soliden Brustwand stehen, sind Knieschützer ebenfalls sehr nützlich. Denken Sie daran, daß ein Hänger ebenso regelmäßig überprüft werden muß wie ein Pferdetransporter. Nur so können Sie sicher sein, daß Bremssystem und Anhängerkupplung einwandfrei funktionieren. Auch den Boden sollte man sich regelmäßig auf verfaultes Holz oder Zeichen von Materialverschleiß hin ansehen. Alle Hänger müssen mit einer starken Sicherheitskette ausgerüstet sein.

Für junge Pferde sind Hänger mit einer vorderen Tür zum Ausladen besser. Die Pferde gewöhnen sich auf diese Weise nicht so leicht an, gleich nach dem Verladen wieder rückwärts aus dem Stand zu rennen. Man kann das Verladen auch üben. Man entfernt die Trennwand, führt das Pferd die hintere Rampe hoch, durch den Hänger durch und die vordere Rampe wieder hinunter. Dann hängt man die Trennwand wieder ein und wiederholt den Vorgang, bis sich das junge Pferd daran gewöhnt hat.

Wenn man einen Hänger mit Pferden zieht, muß man immer daran denken, die Kurven nicht zu scharf zu nehmen und nicht zu abrupt zu bremsen. Die Fahrt verläuft für die Pferde angenehmer, wenn der Fahrer möglichst mehr durch Herunterschalten als mit den Bremsen allein die Geschwindigkeit verringert.

VORBEREITUNG ZUM VORFÜHREN VON JUNGEN PFERDEN AN DER HAND

Dieses Kapitel, ebenso wie das folgende, schildert die Vorstellung von Pferden auf englischen Horse-Shows. Es scheint, daß die Ausführungen der Autorin auch für deutsche Pferdebesitzer in vielen Belangen von Wert sind.

Wenn Sie vorhaben, Ihren Pferdenachwuchs an der Hand vorzustellen, müssen Sie sich zeitig darüber klar werden, ob Sie an Ausstellungen teilnehmen wollen. Die Teilnahme an Pferdeschauen, Musterungen oder Körungen kann heutzutage ein teures Vergnügen werden. Aus finanziellen Überlegungen und aus hygienischen Gründen ist es besser, wenn Sie über eine eigene Transportmöglichkeit verfügen.

Denken Sie daran, daß der Nennungsschluß besonders bei den großen Ausstellungen manchmal Monate vor dem eigentlichen Schautermin liegt. Wenn Sie nicht wissen, an welchen Schauen Sie teilnehmen oder wo Sie auch nur die Nennungsformulare hernehmen sollen, kaufen Sie sich am besten Pferdezeitschriften mit den Schauterminen. Darin sind so gut wie alle Termine des Jahres samt der notwendigen Adressen enthalten. An kleinen Schauen können Sie oft ohne Voranmeldung teilnehmen, aber man sollte sich auf jeden Fall vorher vergewissern. Nichts ist enttäuschender, als auf eine Schau zu fahren und dort zu entdecken, daß man nicht teilnahmeberechtigt ist.

Vergessen Sie nicht, jede Menge Vorhängeschlösser mitzunehmen, so daß Sie Ihre Ausrüstung jederzeit wegschließen können. Das Zaumzeug bewahrt man in einer großen, gut verschlossenen Kiste in einem abgeschlossenen Fahrzeug oder Raum auf.

Sehr nützlich ist es auch, sich von jeder Schau, an der man teilgenommen hat, Notizen zu machen: über den Richter, das vorgestellte Pferd und das Ergebnis. Auf diese Weise sieht man später auf einen Blick, welchen Pferdetyp ein bestimmter Richter bevorzugt - eine äußerst wertvolle Information, wenn man Anfang des Jahres darangeht, eine Liste der zu besuchenden Ausstellungen aufzustellen.

Wenn junge Pferde sich gut an der Hand führen lassen, brauchen sie nicht extra für den Vorführring geschult zu werden. Im übrigen gilt, was in Kapitel 9 über die Vorbereitung von Fohlen und Jährlingen für den Verkauf gesagt wurde. Ein gewisses Maß von kontrolliertem Übermut wird bei Fohlen und Jährlingen meist toleriert. Tatsächlich präsentiert sich ein übermütiges junges Pferd, das angibt und sich aufspielt, besser als eines, das zwar keinen Unsinn macht, dafür aber halb schläft.

Für Pferde, die öfter auf Schauen gezeigt werden, ist es absolut wesentlich, daß sie sich leicht verladen lassen. Wie man Pferde am besten verlädt und transportiert, ist ausführlich in Kapitel 13 beschrieben. Die beste Zeit, ein Pferd für die Schausaison vorzubereiten, ist zu Beginn des Frühjahrs, wenn das Winterhaar ausgeht. Um diese Zeit lassen sich Mähnen- und Schweifhaare ebenso wie Kötenhaare und lange Haare am Kopf am leichtesten ausrupfen. Wenn Sie den Schweif nicht für jede Schau einflechten wollen, müssen Sie ihn verziehen, und dazu brauchen Sie einige Zeit, wenn Sie nicht Gefahr laufen wollen, daß die Haut wund wird. Man zieht immer nur wenige Haare gleichzeitig aus. Die Schweifwurzel wird bandagiert, damit die oberen Haare flach anliegen.

Die Mähne wird immer verzogen. Eine Ausnahme bilden nur einheimische Ponys, Araber und Palominos. Eine wirklich lange Mähne sauber einzuflechten, ist fast unmöglich. Wenn man die Mähne zu Beginn der Schausaison auf eine Länge von 8 - 10 cm verzieht, braucht man wahrscheinlich nur gegen Ende noch einmal zu verziehen. Im Gegensatz zum Schweif wird die Mähne auf einmal verzogen, weil man sonst leicht "Stufen" hineinbringt. Man bürstet die Mähne gut aus, kämmt sie bis zur gewünschten Länge zurück und wickelt einige der zu langen Haare um einen flachen Metallkamm. Dann zieht man sie mit kurzem Ruck aus. Man verfährt so den ganzen Hals entlang und hält eine ganz gerade Linie ein. Wenn die Mähne zum Schluß noch zu dick ist, reißt man ein paar Haare von der Unterseite aus, niemals von der Oberseite. Eine dünne Mähne kann über ein scharfes Messer gekürzt werden, statt daß man die Haare nach dem Zurückkämmen mit der Wurzel ausreißt. Man bricht sie über die Messerschneide ab, weil sie dann natürlicher fallen, als wenn sie mit der Schere geschnitten werden, was man in keinem Fall tun darf. Der Stirnschopf wird nicht verzogen. Regelmäßige Hufpflege - mindestens einmal im Monat und bei jungen Pferden überhaupt so oft wie möglich - ist eine Notwendigkeit. Junge Pferde (aber nicht Fohlen) werden gern vorn mit leichten Eisen beschlagen, bevor man sie öffentlich vorstellt. Wenn man Pferde an der Hand aber lieber unbeschlagen vorstellt, darf man die Hufe in den letzten 14 Tagen vor der Schau nicht mehr kürzen, weil den Pferden sonst auf hartem Boden leicht die Füße wehtun, so daß sie beim Vortraben lahmgehen.

Nach dem Joint Measurement-Schema werden Größenbescheinigungen erst für vierjährige Pferde ausgestellt. Junge Ponys, die an größenmäßig begrenzten Zuchtklassen teilnehmen, werden deshalb auf der Schau gemessen. Als Größe gilt das Stockmaß vom Boden bis zum höchsten Punkt des Widerrists, wenn das Pferd mit geschlossenen Beinen steht und das Genick der höchste Punkt ist. Etwaiger Beschlag wird berücksichtigt. Zehenenge oder -weite Stellung läßt sich korrigieren, wenn die Hufe regelmäßig geraspelt und/oder beschlagen werden. Will man den Huf auswärts drehen, wird die Innenseite der Hornwand kürzer geraspelt als die Außenseite und umgekehrt. Bei einem zeheneng oder -weit gestellten Pferd kann man außerdem den Eindruck optisch dadurch verbessern, daß man den Aufzug etwas seitlich versetzt, so daß er in der Mitte zu sein scheint, wenn das Pferd in seiner natürlichen Stellung steht.

Man kann junge Pferde, die auf Ausstellungen gezeigt werden sollen, während des Sommers auf zwei verschiedene Arten halten. Entweder man hält sie hauptsächlich im Stall und läßt sie jeden Tag nur für kurze Zeit ins Freie; dann werden sie täglich gründlich geputzt und gewöhnlich mit leichten Sommerdecken eingedeckt, damit sie immer so sauber wie möglich bleiben und ein glänzendes Fell behalten. Das Fell wird aber bei diesem System meist viel eher stumpf als bei Pferden, die nur vor einer Schau geputzt werden und bis mindestens Mitte Juli Tag und Nacht auf der Weide sind. Ein glänzendes Fell wird bei diesem System mit einer täglichen Gabe von Leinsamenmash und einem schnellen Überputzen und Nachpolieren auf der Schau erreicht. Vorsicht ist geboten bei kleinen Ponys. Ihnen tut Getreide in jeder Form meist nicht gut, da viele im Frühjahr und Sommer zu Hufrehe neigen.

Wenn man Pferde unmittelbar von der Weide auf eine Ausstellung bringt, kann es vorkommen, daß sie nach nur einer Nacht im Stall "einfallen". Sie können innerhalb von wenigen Stunden eingefallene Flanken bekommen, wenn man ihnen nicht frisches Gras und Heu füttert, sobald sie auch nur für kurze Zeit in den Stall kommen. Das Gras darf sich vor dem Verfüttern nicht erwärmen, da es sonst Kolik verursachen kann.

Es ist praktisch, wenn man ein Pferd auf der Schau an die Longe nehmen kann, aber für Jährlinge ist das Longieren nicht zu empfehlen, weil sich die letzte Epiphyse (am unteren Ende des Radius) frühestens mit zwei Jahren schließt.

Nur sehr wenig Ausrüstung ist nötig, um ein Pferd an der Hand vorzustellen. Eine Liste der wesentlichen Bestandteile finden Sie in diesem Buch. Das Wichtigste ist, daß alle Trensen, Halfter oder Führzügel makellos sauber und glänzend sind. Mit Trensen ohne Nasenriemen wirken Pferdeköpfe nackt und irgendwie mangelhaft ausgerüstet. Man probiert die Trense samt Nasenriemen am besten einige Wochen vor der Schau an, damit genügend Zeit für etwaige Veränderungen bleibt.

Dreijährige werden manchmal auf Kandare vorgestellt, aber ich persönlich verwende für junge Pferde jeden Alters am liebsten eine einfache Trense. Statt mit Schnallen versehen sollte eine einfache Trense lieber genäht oder genietet sein, auf jeden Fall aber müssen alle Metallteile glänzen. Am einfachsten zu pflegen sind Schnallen aus rostfreiem Stahl, aber auch andere Schnallen lassen sich mit sehr feinem Sandpapier von Rost befreien.

Am leichtesten zu pflegen und unschlagbar in der optischen Wirkung sind Gebisse aus rostfreiem Stahl. Nickel kann zwar sehr hübsch aussehen, macht aber enorm viel Arbeit, wenn man es auf Schauniveau halten will. Fohlen zeigt man am besten in einem messingbeschlagenen Halfter mit schmalem, rundgenähtem Nasenriemen und Stirnband. Es ist meist aus Leder, aber man kann auch jedes andere passende Material verwenden, solange es gut aussieht. Manche Züchter zeigen ihre sehr jungen Welsh-Fohlen (Section A) mit Halftern aus weißem Leinenband, aber sie haben den Nachteil, daß sie regelmäßig geschrubbt und mit einem Weißstift für Leinenschuhe aufgehellt werden müssen, was bei Regen fürchterliche Folgen haben kann. Messingbeschläge sind besser als solche aus Zinn, aber sie müssen immer blank poliert sein und glänzen.

Ruhige Jährlingsstuten kann man nur mit Halfter ohne Gebiß vorstellen, aber bei Hengstfohlen, Wallachen und älteren Stutfohlen ist ein Gebiß sicherer. Wie schon im vorhergehenden Kapitel erwähnt, führe ich meine jungen Pferde an der Hand am liebsten mit einem flexiblen Gummigebiß vor. Es läßt sich ohne weiteres mit besonderen Lederschlaufen am Halfter oder, noch besser, an einer messingbeschlagenen Vorführtrense befestigen. Beides ist korrekt, nur daß die Vorführtrense vielleicht ein bißchen gepflegter aussieht.

Alles Lederzeug wird auf der Oberseite mit dunkler Schuhcreme, auf der Unterseite nur mit Sattelseife gepflegt. Neues Zaumzeug muß mehrmals geputzt werden, bevor man es zu Schauzwecken benutzt. Zaumzeug aus hellgegerbtem Leder sieht im Endeffekt besser aus als dunkelgegerbtes, dafür macht es anfangs aber auch mehr Arbeit, bis das störende neue Gelb verschwunden ist. Mit der Zeit nimmt es aber einen sehr schönen rötlichen Farbton an, der den meisten Pferden gut steht.

Einen ganz besonderen Glanz kann man damit erzielen, daß man dünne Lagen von Schuhcreme aufträgt und sie stückchenweise mit wenig Wasser blankreibt. Es entsteht eine glasähnliche Oberfläche, die sich besonders gut macht für Stirn- und Nasenriemen, aber auch für die Fersen und Spitzen von Jodhpur-Stiefeln. Allerdings darf man diese Methode nicht zu oft anwenden, weil das Leder sonst leicht bricht. Öl bringt man möglichst nicht mit Lederzeug in Verbindung, weil einmal geöltes Leder sich nie wieder richtig blank polieren läßt.

Als Führzügel werden entweder solche aus Leder bzw. Kunstleder oder solche aus weißem Gurtband verwendet.

Kunstlederzügel, die aus Kunststoff bestehen, brauchen außer gelegentlichem Abwaschen keine besondere Pflege. Lederzügel werden besser nicht vollständig mit Sattelseife abgerieben, weil sie vom Regen schlüpfrig werden und glatt durch die Hand rutschen, wenn ein Pferd einmal anzieht. Besser ist es, sie wie das Zaumzeug nur auf der Unterseite mit Sattelseife zu behandeln. Lederzügel sind am zuverlässigsten, weil sie nicht so schnell kaputt gehen und plötzlich reißen wie Gurtzügel - es sei denn, sie sind böse zerkaut worden.

Gurtzügel sind zwar billiger in der Anschaffung, halten aber auch nicht so lange, vermutlich weil sie vor jedem Gebrauch geschrubbt und geweißt werden müssen, wodurch sie schneller verschleißen.

Es gibt zwei Arten, den Führzügel am Gebiß zu befestigen. Entweder schnallt man ihn in den rechten Trensenring und läßt ihn durch den linken Trensenring in die Hand laufen, was eine maximale Kontrolle erlaubt, aber auch Pferdeverstand und Gefühl auf seiten der Begleitperson voraussetzt, weil die Wirkung auf das Pferd schärfer ist. Oder man benutzt ein Zwischenstück aus Leder oder in Form einer Messingkette. Es wird einfach in die beiden Trensenringe und auch in den hinteren Teil des Nasenriemens eingeschnallt bzw. mit Clips befestigt, wodurch der Druck auf das Gebiß gleichmäßig verteilt und teilsweise auch auf den Nasenrücken übertragen wird.

Es gibt auch Führzügel mit einem Y-förmigen Endstück, das ähnlich wirkt wie das oben beschriebene Zwischenstück, oder man schnallt ihn am rechten Trensenring fest und läßt ihn durch den linken laufen. Wichtig ist, daß das Verbindungsstück nicht so lose hängt, daß das Pferd den Unterkiefer einhaken kann. In diesem Fall könnte ein Pferd leicht steigen und sich rückwärts überschlagen.

Ein Pferd kann noch so gut herausgebracht sein - schlecht gepflegtes Lederzeug macht die ganze Wirkung zunichte, und das wäre doch gelinde gesagt schade, wenn man sich schon stundenlang mit dem Pferd abgemüht hat.

Da man beim Vorführen an der Hand notfalls auch schnell laufen können muß, ist der modische Aspekt des Schuhwerks weniger wichtig als seine Leichtigkeit und Bequemlichkeit.

Reitstiefel sind ebenso ungeeignet wie Schuhe mit hohen Absätzen. Ideal sind Jodhpur-Stiefeletten, die an Damen z. B. besonders fesch aussehen und gut sitzenden beigen Hosen, einer Bluse mit Halstuch oder einem Pullover mit Kopftuch.

Herren tragen meist einen ordentlichen sportlichen Anzug oder Sportjacke mit Twillhosen zu Hemd und Krawatte, dazu gewöhnlich einen Filzhut oder eine Kappe. Wenn es warm ist, kann man eine leichte Baumwolljacke tragen; Hemdsärmel sind im Schauring jedenfalls einfach ungehörig.

Es folgt eine vollständige Liste aller bei einer Schau mitzuführenden Gegenstände, besonders wenn eine Übernachtung eingeplant ist:

Halfter
Strick
Heunetz
Tränkeimer
Futter
Heu
Futtereimer
Haferschwinge
Mistgabel und Schaufel
Gurt und Schweifschoner
Knieschützer
Putzlappen
Putzzeug
Kardätsche
Mähnen- und Schweifbürste
Wurzelbürste
Striegel
Mähnenkamm
Hufkratzer
Schweifbandagen
Bandagen
Bandagierwatte mit Gazeüberzug
Drahtgitter oder Stäbe
Einlaßkarten, Kopfnummern
Papiere, Pässe usw.

Vorführtrense
Führzügel
Gerte
Kappzaum
Longierpeitsche
Longe
Zum Einflechten:
Faden
Stumpfe Nadeln
Schere
Kiste zum Draufstellen
Kreide
Huffett
Lappen
Vaseline
Desinfektionsspray
Fliegenspray
Stiefelwichse
Sattelseife
Messingputzmittel
Lappen zum Abreiben
und Schwämme
Liege
Schlafsack und
Kopfkissen
Leintücher
Taschenlampe

DAS VORFÜHREN AN DER HAND

In der näheren Umgebung der Ausstellung weisen Schilder mit der Aufschrift Ausstellungstiere, Pferde oder ähnlichem die Teilnehmer zum richtigen Eingang, wo man seine Einlaßkarten vorzeigen muß und eventuell auch die Pässe für die Tiere überprüft werden. Bei großen Ausstellungen werden die Tiere auch gleich am Eingang von einem Tierarzt auf Anzeichen von ansteckenden Krankheiten wie Husten oder Erkältung hin untersucht. Nach bestandener tierärztlicher Untersuchung nimmt man Kontakt mit der Stallaufsicht auf, die für die Unterbringung der Pferde verantwortlich ist. Meist findet man sie in der Nähe der Pferdeboxen. Dort erhält man im allgemeinen auch die Kopfnummern. Auf manchen Ausstellungen kann man mit dem Transporter zum Ein- und Ausladen zwischen die Boxenreihen fahren und braucht die Pferde nicht vom Parkplatz herüberzuführen.

Hat man seine Boxen gefunden, sieht man zuerst nach, ob die Krippen sauber sind. Etwaiges übriggebliebenes Futter von einem vorhergehenden Bewohner muß zuerst entfernt werden. Stroh wird auf den meisten Ausstellungen gestellt, wenn die Boxe also aus irgendeinem Grund nicht eingestreut ist, bittet man um genügend Stroh für die Einstreu. Vor manchen Boxen hängt ein Stück Segeltuch oder Leinwand, das mit Schnur oder einer Strohkordel hochgebunden wird, bevor das Pferd hineingeführt wird. Selbst wenn man es hochhält, kann es vorkommen, daß es dem Pferd um den Kopf schlägt und es zum Scheuen bringt. Wenn eine Extrabox oder ein Extraraum für die Ausrüstung angemietet wurde, lädt man diese besser gleich aus, bevor man den Transporter oder Hänger auf den Parkplatz fährt. Oft schließen die Boxentüren auf Ausstellungen schlecht. Vorsichtshalber sichert man deshalb den Riegel mit einem Vorhängeschloß oder bindet eine Schnur darum, bevor man weggeht. Ein Wasserhahn findet sich normalerweise am Ende jeder Stallgasse. Holen Sie sich zum Tränken immer frisches Wasser aus dem Hahn, niemals aus dem etwa darunter aufgestellten Wasserbehälter, der oft abgestandenes und vom schmutzigen Eimerboden anderer Leute verseuchtes Wasser enthält.

Wenn Heu und/oder Grünfutter für die Ausstellungstiere von der Ausstellungsleitung gestellt werden, gehen Sie nicht zu spät zur Ausgabestelle, weil diese oft am frühen Nachmittag schon schließt und erst am nächsten Morgen wieder öffnet. Berechtigungsscheine für Futterzuteilungen werden entweder mit der Post zusammen mit den anderen Ausweisen zugeschickt oder sind bei der Stallaufsicht erhältlich und müssen an der Ausgabestelle vorgelegt werden. Bei den derzeitigen hohen Futterpreisen haben aber viele Ausstellungen diesen Service eingestellt, so daß die Aussteller ihr Heu selbst mitbringen müssen. Grünfutter wird noch manchmal gestellt und in der Stallgasse zur freien Verfügung der Tierhalter aufgestapelt. Wer das Ausstellungsgelände nicht von früher kennt, macht am besten noch einen Abendspaziergang, bevor er ins Bett geht. Auf diese Weise kann man gleich feststellen, wo sich die verschiedenen Ringe befinden, so daß man sie am nächsten Morgen nicht erst zu suchen braucht. Jung- und Zuchtvieh-Klassen fangen meist um neun Uhr oder noch früher an.

Es ist wichtig, mit der Stallarbeit so rechtzeitig anzufangen, daß man um 6.30 Uhr mit dem Ausmisten fertig ist. Um diese Zeit fährt bei den meisten Ausstellungen ein Traktor mit Anhänger durch die Stallgassen und lädt den vor den Boxentüren aufgehäuften Mist auf.

Die Boxe wird mit dem an den Seiten angehäuften Stroh sauber eingestreut, damit alles ordentlich aussieht, wenn später das Publikum durch die Ställe geht und die Pferde bewundert. Bei den meisten Ausstellungen sind die Boxen nach vorn offen. Bei einem Pferd, das sich nicht gern von vielen fremden Leuten anfassen, streicheln und klopfen läßt oder sich noch nicht an die Pferde in den Nachbarboxen gewöhnt hat, empfiehlt es sich, die Vorderseite mit einem dünnen Maschendraht abzusichern. Vor dem Frühstück entfernt man Staub und Flecken aus dem Fell und bürstet Mähne und Schweif aus. Pferde, die in den entsprechenden Klassen gezeigt werden sollen, werden eingeflochten (alle außer Berg- und Moorponys, Palominos und Vollblutarabern). Wenn Ponys, Palominos und Araber in Klassen vorgestellt werden, die auch für andere Pferde offen sind, müssen sie ebenfalls eingeflochten werden.

Zum Einflechten von Mähne und Schweif braucht man:

(I) Halfter und Strick - das Pferd kann angebunden oder von jemand gehalten werden, wenn es sich um ein Fohlen oder einen Jährling handelt

(II) eine Kiste, um sich daraufzustellen - sehr wichtig, wenn man selbst klein, das Pferd aber groß ist

(III) eine Wurzelbürste - um Mähne und Schweif anzufeuchten

(IV) dicken Faden - (in Sattler- und Polstergeschäften erhältlich) in der Farbe den Pferdehaaren so ähnlich wie möglich

(V) ein Mähnenkamm und eine Schere

(VI) mindestens eine stumpfe Nadel - es spart Zeit, wenn man mit zwei Nadeln arbeiten kann. Eine zweite Person hält dann immer die zweite Nadel eingefädelt bereit. Man kann auch eingefädelte Nadeln auf ein Nadelkissen stecken, muß aber dann sehr vorsichtig sein, damit keine im Stroh verlorengeht.

Man entscheidet sich schon vorher, in wieviele Zöpfchen man die Mähne flechten will, damit alle Zöpfchen gleich groß werden. Im Augenblick ist es Mode, viele kleine Zöpfchen zu flechten. Sie sehen gut aus und machen eine gute Halslinie noch schöner (siehe Foto Nr. 13).

Man fädelt die Nadel ein und macht einen doppelten Knoten in den Faden. Die Nadel steckt man in den Rockaufschlag und läßt das lose Fadenende über die Schulter nach hinten herunterhängen. Auf diese Weise bleibt der Faden nicht so leicht irgendwo hängen, und die Nadel wird nicht so schnell aus Versehen herausgezogen.

Zuerst wird die Mähne angefeuchtet und der Stirnschopf unmittelbar hinter dem Ohr mit dem Mähnenkamm glatt vom ersten Zopf abgeteilt. Erster und zweiter Zopf werden in gleicher Weise durch einen Scheitel getrennt, wobei man die Menge der abgeteilten Haare mit der Halslänge und der beabsichtigten Menge der Zöpfchen in Beziehung setzt.

Das Haar wird bis zum Ende geflochten und mit einem Knoten gesichert, dann sticht man mit der Nadel zurück in den Zopfansatz und zieht den Zopf in einer Schleife hoch. Nun wird nochmals ins Ende der Schleife eingestochen und der Zopf noch einmal hochgenommen, wobei man darauf achten muß, etwaige Stiche auf der Zopfoberfläche so klein zu halten, daß sie nicht auffallen. Dann wickelt man den Faden zwei- oder dreimal um den Zopfansatz und sticht noch einmal quer durch die dickste Stelle, wobei jede Lage des Zopfes erfaßt werden sollte. Der Faden wird an der Unterseite verknotet und so kurz abgeschnitten, daß er nicht mehr zu sehen ist.

So wird Zopf für Zopf die ganze Mähne eingeflochten, wobei die Haare stets feucht gehalten werden müssen. Die letzten beiden Zöpfchen brauchen nicht ganz so stramm zu sitzen, damit das Pferd den Hals strecken kann, ohne daß es wehtut. Ist die Mähne fertig eingeflochten, können noch herausstehende einzelne Haare ausgerissen werden. Sie dürfen nie abgeschnitten werden, weil das Pferd sonst nach spätestens vierzehn Tagen wie ein Igel aussieht.

Wenn der Schweif nicht verzogen ist, dreht man das Pferd um, sobald man mit der Mähne fertig ist, so daß es mit der Hinterhand zum Licht steht und man sieht, was man tut. Wenn der Schweif glatt ausgebürstet ist, wird er angefeuchtet und mit

1. 

Man ergreift einige Haare von der Unterseite der Schweifoberseite mit der rechten Hand, führt sie hinüber und ergreift sie mit der linken Hand.

2. 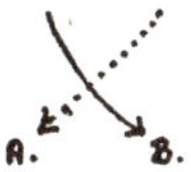

Man ergreift einige Haare von derselben Stelle auf der anderen Seite des Schweifes, führt sie ebenfalls hinüber und ergreift sie mit der rechten Hand.

3. 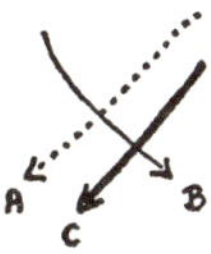

Unmittelbar unterhalb der bereits aufgenommenen Haare nimmt man rechts einige weitere Haare auf, wobei die von links herübergeführten Haare mit Daumen und Zeigefinger festgehalten werden.
Dann legt man die neu aufgenommenen Haare über die anderen.

4. 

Die Haare "A" werden von links nach rechts über die Haare "C" gelegt.

5. 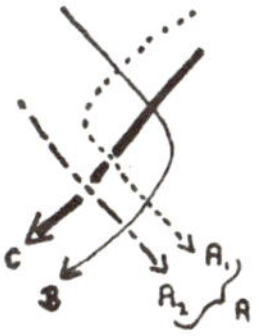

Man nimmt links weitere Haare auf und fügt sie zu den Haaren "A" hinzu; die Haare "B" legt man über die Haare "A" nach links, nimmt rechts weitere Haare auf und fügt sie zu "B" hinzu. Das wiederholt man bis zum Ende der Schweifwurzel.

Abbild. 30 Das Einflechten des Schweifes

dem Einflechten so hoch wie möglich begonnen. Man nimmt drei dünne Haarsträhnen von der Schweifoberseite und flicht dann jeweils eine dünne Strähne von der Unterseite links und rechts dazu (siehe Abbildung 30). Zwei bis drei Zentimeter oberhalb des Endes der Schweifrübe nimmt man keine neuen Haare mehr auf, sondern flicht nur noch die Haare, die man noch in der Hand hält, zu Ende (bei Pferden mit kurzer Schweifrübe hört man entsprechend früher auf).

Das Ende befestigt man wie ein Mähnenzöpfchen und bindet es entweder ebenfalls in einer Schleife hoch, wobei das Zopfende unter dem eingeflochtenen Teil verstaut und mit ein paar Stichen befestigt wird, oder man rollt das Schwänzchen ein und sichert es ebenfalls mit ein paar Stichen, was noch interessanter aussieht.

Das Geheimnis eines gut eingeflochtenen Schweifs besteht darin, daß man nur wenige Haare auf einmal nehmen darf, weil der Zopf sonst nicht fest genug wird. Einen Grateffekt erzielt man, wenn man die Strähnen untereinander statt übereinander flicht. Sie bilden dann einen erhabenen Wulst über den restlichen Schweifhaaren.

Der fertig eingeflochtene Schweif wird mit einer feuchten Schweifbandage umwickelt. Dadurch liegen die Haare nachher flach an und der Zopf sieht ordentlich aus. Allerdings darf man die Bandage nicht herunterziehen, sondern muß sie sorgfältig abwickeln, damit der Zopf nicht wieder beschädigt wird.

Werden Mähne und Schweif nicht eingeflochten, werden sie sorgfältig durchgebürstet und dann ausgekämmt, damit keinerlei Knoten mehr darin sind. Bei Berg- und Moorponys, die in ihren Zuchtklassen nie eingeflochten werden, ist es üblich, eine Strähne hinter dem Ohr einzuflechten, damit sich die Mähne nicht mit dem Stirnschopf vermischt. Man läßt den Zopf als schmales Schwänzchen hängen und bindet ihn nicht zur Schleife hoch.

Nach dem Frühstück holt man seine Kopfnummern ab, sofern dies noch nicht geschehen ist, und läßt das Pferd oder Pony gegebenenfalls messen. Dann bürstet man das Pferd noch einmal über. Bei Pferden, die normalerweise im Freien gehalten werden, kann man ein durchaus befriedigendes Ergebnis erzielen, ohne dem Fell das Fett zu entziehen, wenn man mit einer leicht angefeuchteten Kardätsche mit dem Strich über das Fell streicht. Dadurch wird aller oberflächlicher Staub entfernt. Wenn das Haar wieder trocken ist, wird es mit einem groben Putztuch glänzend gerieben.

Weiße Abzeichen an den Beinen werden leuchtend weiß, wenn man sie mit Hundekreide einreibt, wie man sie in den meisten Tierhandlungen kaufen kann. Gelbe Flecken verschwinden damit spurlos. Als nächstes werden die Hufe eingefettet.

Wenn das Pferd ganz fertig ist, zieht sich der- oder diejenige, die das Pferd vorführen soll, um. Die richtige Kopfnummer wird um die Taille der Führperson befestigt. Werden mehrere Pferde vorgestellt, kann man alle Nummern der Reihe nach umlegen, was später Zeit sparen hilft. Bei manchen Ausstellungen ist es üblich, die Kopfnummern am Stirnband der Vorführtrense zu befestigen. In diesem Fall werden schon besonders zugeschnittene Nummern ausgegeben. Wagenpferde und schwere Pferde tragen die Nummern meist um den Hals.

Das Pferd wird aufgetrenst und die Schweifbandage entfernt. Dann wartet man in der Boxe auf den ersten Aufruf über Lautsprecher oder durch die Stallaufsicht und begibt sich in den Ring, wo sich die entsprechende Klasse sammelt. Lassen Sie sich ruhig Zeit, es eilt nicht. Die Aufsicht am Sammelring gibt dann das Zeichen zum Beginn. Wenn man noch nie ein Pferd an der Hand vorgestellt hat, läßt man besser ein oder zwei erfahrene Mitbewerber vorausgehen. Sonst ist es von Vorteil, als erster in den Ring zu gehen, besonders wenn das eigene Pferd einen guten Schritt hat. Auf diese Weise kann man das Tempo bestimmen. Wenn dies nicht möglich ist, reiht man sich möglichst zwischen zwei kleineren oder dem eigenen Pferd sichtlich unterlegenen Tieren ein, so daß ein Vergleich zugunsten des eigenen Pferdes ausfallen muß.

Führen Sie das Pferd am rechten Zügel frei vorwärts. Wenn das Pferd davor zu langsam ist, gehen Sie die Zirkellinie weiter aus, achten Sie jedoch darauf, daß Ihr Pferd für den Richter voll sichtbar ist und nie durch ein anderes verdeckt wird.

Der Richter beginnt nun mit der Beurteilung und wird wahrscheinlich bald die Pferde, die ihm gefallen, in der Ringmitte aufstellen. Behalten Sie also den Richter im Auge und seien Sie bereit, einem etwaigen Aufruf Folge zu leisten. Wenn Sie aufgerufen werden, stellen Sie das Pferd mit Front zur Ehrentribüne auf. Der Richter kann sich die Pferde einzeln vornehmen, wenn alle in einer Linie aufgereiht sind, oder er läßt einzelne Pferde vorziehen. Auf jeden Fall muß man dafür sorgen, daß das Pferd immer im Gleichgewicht auf allen vier Beinen steht, wenn der Richter in die Nähe kommt. Warten Sie, bis Sie aufgerufen werden, ziehen Sie das Pferd dann vor und stellen Sie es seitlich zum Publikum vor dem Richter auf. Achten Sie darauf, daß es gleichmäßig steht und der vom Richter aus gesehene äußere Hinterfuß leicht vorgestellt ist.

Der Richter wird sich das Pferd ansehen und Sie dann auffordern, das Pferd im Schritt bis zum Ende des Ringes zu führen, zu wenden und im Trab an ihm vorbei zum anderen Ende des Ringes zu gehen. Sorgen Sie dafür, daß das Pferd seinen besten Schritt zeigt, und gehen Sie beim Wenden immer um das Pferd herum. Wenn Sie das Pferd um sich herumgehen lassen, kommt es leicht aus dem Gleichgewicht. Aus demselben Grund geht man auch erst zwei oder drei Schritte nach der Wendung, bevor man das Kommando zum Antraben gibt. Helfen Sie rechtzeitig mit der Gerte nach, wenn das Pferd nicht gleich reagiert. Ein Pferd mit wirklich guten Bewegungen kann man im starken Trab vorführen. Hierbei besteht die größte Gefahr darin, daß das Pferd sich aufs Gebiß legt, auf der Vorderhand geht und hinten breit tritt. Nehmen Sie deshalb die Hand herunter, sobald das Pferd angetrabt ist (manche Pferde scheinen einen anderen Gang einzulegen, wenn sie die Tritte verlängern), und lassen Sie das Pferd am lose hängenden Zügel gehen. Es ist dadurch gezwungen, sich selbst zu tragen und kann sich nicht aufs Gebiß legen. Bei Araber- und Ponyprüfungen müssen die Pferde manchmal einmal um den Ring getrabt werden, bei Hunterprüfungen genügt die Länge des Rings. Versuchen Sie, das Pferd mit der Stimme abzubremsen, damit Sie es nicht im Maul reißen müssen.

Danach kehren Sie auf Ihren Platz in der Reihe zurück und halten sich bereit, falls der Richter noch einmal zu einem abschließenden Blick zurückkommt. In diesem Stadium lassen die meisten Richter noch einmal alle Bewerber in einem kleineren Zirkel um sich herumgehen. Dann werden die Pferde in der Reihenfolge der endgültigen Placierung aufgestellt und die Schleifen verteilt. Auch wenn Sie enttäuscht sind, ist es ein Gebot der Höflichkeit, dem Richter zu danken, wenn er die Schleife und die Karte überreicht.

Vergewissern Sie sich, bevor Sie in den Stall zurückgehen, daß Sie nicht noch einmal für ein Championat oder einen Sonderpreis antreten müssen. Alle ersten und zweiten Preisträger einer Zuchtklasse nehmen gewöhnlich noch am Championat ihrer Zucht teil. Wenn mehr als eine Fohlenprüfung auf dem Programm steht, wird auch hier ein eigenes Championat ausgetragen.

Bei den meisten größeren Schauen werden die Preisträger in einer großen Parade vorgestellt. Wer nicht teilnimmt, verliert in der Regel seinen Anspruch auf Preisgelder. Ein Steward schreibt im Sammelring oder am Eingang zum Hauptring die Nummern aller zur Parade antretenden Pferde auf. Die Parade findet meist am Nachmittag desselben Tages oder am darauffolgenden Tag statt, d. h. daß man einen Tag länger bleiben muß, wenn man einen Geldpreis gewonnen hat. Es wird jedoch dann kein Stallgeld mehr berechnet.

Zur Parade werden die Pferde normalerweise nicht mehr eingeflochten. Die meisten Pferde werden vorher ausgekämmt, so daß sie gleich anschließend nach Hause verladen werden können. Nicht placierte Bewerber können gleich nach der Prüfung nach Hause fahren, wenn sie wollen. Bei manchen Ausstellungen bleiben die Tore allerdings bis vier Uhr nachmittags geschlossen, damit das Publikum alle Pferde sehen kann.

Wenn Ihr Pferd eine vordere Placierung erhalten hat, werden Sie vielleicht vom Steward nach früheren Erfolgen Ihres Pferdes gefragt. Diese Information wird an den Ansager weitergegeben und während der Parade verlesen, wenn Ihr Pferd vorgestellt wird.

Preisschleifen werden so weit wie möglich auf der linken Seite der Trense befestigt, damit die Zuschauer sie während der Parade gut sehen können. Schleifenenden, die herumflattern und das Pferd erschrecken könnten, werden unter das Leder gesteckt und festgehalten. Bei der Parade wird das Pferd mit allen Schleifen geschmückt, die es auf dieser Schau gewonnen hat. Zur Beurteilung wird das Pferd nur mit den Schleifen vorgestellt, die es in dieser besonderen Zucht- oder Typklasse gewonnen hat, und zwar auch dann, wenn sie von demselben Richter vergeben wurden.

Etwa eine halbe Stunde vor der Parade erfolgt der Aufruf für den Sammelring, wo die Pferde eingeordnet werden: Der Championatssieger und der Reservesieger führen unabhängig von ihrer Klasse die Parade ihrer jeweiligen Zucht oder ihres Typs an, und dann folgen die Preisträger in der Reihenfolge ihrer Preise, also Erster, Zweiter usw.

Es ist üblich, daß alle Preisträger einmal um den ganzen Ring herumgehen und sich dann nebeneinander in der Mitte aufstellen. Dann werden die Pokale und Ehrenpreise überreicht, wobei die Gewinner jeweils vorziehen. Danach werden die Pferde noch einmal um den Ring geführt und gehen dann hinaus.

Auf kleineren Ausstellungen und Turnieren werden die Pferde selten beim Eintreffen von einem Tierarzt auf ihre Gesundheit hin untersucht. Es gibt jedoch immer einen Offiziellen, der Auskunft gibt und Eintrittskarten für Zuschauer verkauft.

Fahren Sie Ihren Transporter auf den dafür vorgesehenen Parkplatz. Stallungen werden bei dieser Art von Schauen selten bis nie gestellt, die Pferde bleiben im Hänger oder Transporter, wenn sie nicht gerade fertiggemacht oder vorgeführt werden.

Ruhige Pferde kann man außen am Transporter anbinden und mit einem Heunetz beschäftigen. Für junge Pferde ist dies jedoch nicht zu empfehlen. Gleich nach der Ankunft geht man am besten zum Zelt der Turnierleitung, gibt seine Nennung ab, falls dies noch nicht geschehen ist, und läßt sich die Kopfnummer geben. Auf den meisten größeren Ausstellungen sind Fohlen erst ab einem Monat zugelassen, aber auf den kleineren existieren solche Beschränkungen oft nicht, so daß man manchmal eine Woche alte Fohlen im Schauring sieht. Zwei Gründe sprechen hauptsächlich gegen diese Praxis: Erstens ist solch ein Fohlen noch zu jung, um auf Anforderung des Richters hin mehrmals um den Ring zu gehen. Es wird müde und damit anfälliger für Krankheiten. Zweitens ist auf Ausstellungen die Ansteckungsgefahr größer; es kann mit Krankheiten in Berührung kommen, gegen die es keinen Schutz besitzt. Fohlen im Alter von weniger als einem Monat haben auf einer Ausstellung deshalb nichts zu suchen.

Auf Ausstellungen, die nur einen Tag dauern, sollte man mindestens eine Stunde vor dem Beginn der eigenen Prüfung eintreffen. Einem Pferd, das auch dort noch ruhig steht, wird der Schweif besser erst auf dem Ausstellungsgelände eingeflochten, damit sich das Pferd nicht während der Fahrt die ganze Pracht wieder aufreiben kann. Die Mähne flicht man besser am Abend zuvor oder am frühen Morgen vor dem Verladen ein. Es hat allerdings zwei Nachteile, die Mähne schon am Vorabend einzuflechten: Pferde scheuern sich gern, wenn man sie eingeflochten über Nacht stehenläßt. Auch wenn die Zöpfchen nicht ganz aufgehen, sehen sie dann morgens ziemlich stachlig aus und sind außerdem mit Strohhalmen gespickt, die man morgens Stück für Stück herausklauben muß. Läßt man das Einflechten aber bis zum Eintreffen auf dem Ausstellungsgelände, kann man ziemlich in Bedrängnis geraten und zu eiliger Arbeit gezwungen sein, wenn man etwa unmittelbar bei der Ausstellung noch in einen Verkehrsstau gerät.

Bei kleineren Schauen verläßt man sich besser nicht darauf, daß einen jemand offiziell auffordert, in den Ring zu kommen. Man beobachtet besser selbst den Fortgang der Ereignisse im Ring mit größter Aufmerksamkeit, damit man seinen Auftritt nicht versäumt. Viele kleinere Schauen verfügen nicht über einen besonderen Sammelring; die Pferde kommen sofort in den eigentlichen Ring.

Was das Richten und das Verhalten der Teilnehmer anbelangt, gilt für kleinere Ausstellungen das gleiche wie für größere, nur daß kleinere meist keine große Parade am Nachmittag mehr abhalten. In diesem Fall können die Teilnehmer unmittelbar nach der Preisverteilung nach Hause fahren, wenn sie wollen.

DIE VERSICHERUNG VON JUNGPFERDEN

Das nicht unerhebliche Risiko bei der Aufzucht junger Pferde ist allen Züchtern wohl bekannt. Krankheiten und Unfälle bedrohen das Leben der noch unerfahrenen und oft auch nicht sehr widerstandsfähigen Tiere oder sie stellen die spätere Verwendungsfähigkeit im Sport bzw. in der Zucht in Frage. Der dadurch entstehende materielle Schaden kann durch den Abschluß einer Tierversicherung abgedeckt werden. Für den Aufzüchter gilt es, die von der modernen Tierversicherung gebotenen vielfältigen Möglichkeiten sinnvoll zu nutzen.

Schon das noch ungeborene Fohlen im Mutterleib kann versichert werden. Diese Leibesfruchtversicherung deckt den Schaden, der dadurch entsteht, daß die Leibesfrucht tot geboren wird oder das Fohlen nach der Geburt verendet oder notgetötet werden muß. Die Haftung beginnt hier mit der Behaarung des Fötus (ca. 7. Trächtigkeitsmonat) und endet wahlweise 28 bzw. 42 Tage nach der Geburt.

Wird außerdem noch eine Fohlenanschlußversicherung abgeschlossen, so verlängert sich der Versicherungsschutz für das Fohlen bis zur Vollendung des 6. Lebensmonats. Natürlich kann auch eine Haftung über diesen Zeitpunkt hinaus im Rahmen der normalen Tierlebensversicherung vereinbart werden.

Ist keine Leibesfruchtversicherung abgeschlossen worden, können Fohlen frühestens mit Vollendung des 7. Lebenstages versichert werden. Voraussetzung hierfür ist, daß die zu versichernden Fohlen gesund und gegen Fohlenlähme schutzgeimpft sind. Der Nachweis hierfür ist durch ein tierärztliches Attest zu erbringen.

Bei der langfristigen Versicherung von Aufzuchtpferden besteht die Grunddeckung in der Haftung für Tod oder Nottötung infolge Krankheit und Unfall. Prämienfrei eingeschlossen ist das Risiko von Transport, Entwendung, Abhandenkommen, Brand, Blitzschlag und Explosion.

Die Versicherungssumme soll dem tatsächlichen Wert der Fohlen entsprechen. Eine Überversicherung ist nach dem Versicherungsvertragsgesetz nicht zulässig. Vor allem in größeren Beständen ist es zweckmäßig, schon bei Abschluß des Vertrages Durchschnittsversicherungssummen für Fohlen, Jährlinge und Zweijährige festzulegen. Die sonst erforderliche jährliche Anpassung der Versicherungssummen kann dann entfallen.

Die Höhe der im Schadenfall zur Auszahlung kommenden Versicherungsleistung beträgt wahlweise 80 oder 100 % der Versicherungssumme. Die Versicherungskosten sind relativ niedrig. Für die oben geschilderte Grunddeckung wird schon für einen jährlichen Beitrag von 3 % der Versicherungssumme ein ausreichender Schutz geboten.

Für Fohlen und Jungpferde, die später dem Verwendungszweck 'Reiten' zugeführt werden sollen, ist es zweckmäßig, das Risiko der dauernden Unbrauchbarkeit für den späteren Verwendungszweck in die Versicherung einzuschließen. Für dieses Risiko können Entschädigungssätze von 60, 70, 75 oder 80 % der Versicherungssumme gewählt werden. Der hierfür erforderliche Beitragszuschlag richtet sich nach der Höhe des gewählten Entschädigungssatzes.

Die genannten Möglichkeiten der Aufzuchtversicherung gelten für Pferde bis zur Vollendung des 3. Lebensjahres. Über diesen Zeitpunkt hinaus ist selbstverständlich eine nahtlose Fortführung des Versicherungsschutzes möglich, sie muß aber dann auf den entsprechenden Verwendungszweck des jeweiligen Pferdes abgestellt werden.

Es ist ratsam, Pferdeversicherungen nur bei einer Spezialtierversicherungsgesellschaft abzuschließen, denn diese bietet am ehesten Gewähr für eine fachliche Beratung bei der Wahl des Versicherungsschutzes und auch für eine korrekte Erledigung von Schadensfällen.

Die obigen Ausführungen basieren auf den Konditionen der VEREINIGTEN TIERVERSICHERUNGS Gesellschaft a. G. Wiesbaden, dem führenden Tierversicherungsunternehmen Europas.

NÜTZLICHE INFORMATIONEN UND ADRESSEN

Ammenvermittlung: Dipl. Ing. J. Hartig
Sonnenstraße 7
8939 Buchloe
Tel.: 08241/585

DIREKTORIUM FÜR VOLLBLUTZUCHT UND RENNEN e. V.
Rennbahnstraße 100
5000 Köln 60

ARBEITSGEMEINSCHAFT WESTDEUTSCHER RENNVEREINE
Rheinstraße 39
4150 Krefeld

BESITZERVEREINIGUNG FÜR VOLLBLUTZUCHT UND RENNEN e. V.
Arndtstraße 6
5000 Köln 1

VEREIN ZUR FÖRDERUNG DER VOLLBLUTZUCHT UND TRABERZUCHT e. V.
Rennbahnstraße 100
5000 Köln 60

GALOPP CLUB DEUTSCHLAND e. V.
Marzellenstraße 2 - 8
5000 Köln 1

DEUTSCHE REITERLICHE VEREINIGUNG (FN)
Lönsstraße 13
4410 Warendorf

DEUTSCHES OLYMPIADE-KOMITEE FÜR REITEREI (DOKR)
Lönsstraße 15
4410 Warendorf

HAUPTVERBAND FÜR TRABER-ZUCHT UND-RENNEN e. V.
Gutenbergstraße 40
4044 Kaarst 2

DEUTSCHE LANDWIRTSCHAFTS-GESELLSCHAFT (DLG)
Zimmerweg 16
6000 Frankfurt (Main) 1

VERBAND DER LANDWIRTSCHAFTSKAMMERN
Kölner Straße 142 - 148
5300 Bonn-Bad Godesberg

LANDWIRTSCHAFTSKAMMER RHEINLAND
Endenischer Allee 60
5300 Bonn 1

LANDWIRTSCHAFTSKAMMER BREMEN
Ellhornstraße 30
2800 Bremen

LANDWIRTSCHAFTSKAMMER HANNOVER
Johannsenstraße 10
3000 Hannover

LANDWIRTSCHAFTSKAMMER RHEINLAND-PFALZ
Fischerstraße 11
6750 Kaiserslautern

LANDWIRTSCHAFTSKAMMER SCHLESWIG-HOLSTEIN
Holstenstraße 106 - 108
2300 Kiel

LANDWIRTSCHAFTSKAMMER WESTFALEN-LIPPE
Schorlemer Straße 26
4400 Münster

HESSISCHES LANDESAMT FÜR LANDWIRTSCHAFT
Könische Straße 48 - 50
3500 Kassel

MINISTERIUM FÜR LANDWIRTSCHAFT UND UMWELT
Schloßplatz 2
6200 Wiesbaden

BAYERISCHES STAATSMINISTERIUM FÜR ERNÄHRUNG, LANDWIRTSCHAFT UND FORSTEN
Ludwigstraße 2
8000 München 22

MINISTERIUM FÜR ERNÄHRUNG, LANDWIRTSCHAFT, WEINBAU UND FORSTEN DES LANDES BADEN-WÜRTTEMBERG
Postfach 491
7000 Stuttgart 1

VERBAND DER ZÜCHTER UND FREUNDE DES WARMBLUT-PFERDES TRAKEHNER ABSTAMMUNG
August-Krogmann-Straße 194
2000 Hamburg 72

VERBAND SCHLESWIGER PFERDEZUCHTVEREINE e. V.
Steenbeker Weg 151
2300 Kiel

HAMBURGER BEZIRKSVERBAND HANNOVERSCHER WARMBLUT-ZÜCHTER
Wexstraße 7
2000 Hamburg 11

VERBAND HANNOVERSCHER WARMBLUTZÜCHTER e. V.
Johannssenstraße 10
3000 Hannover

NIEDERSÄCHSISCHES LANDGESTÜT CELLE
Jägerstraße 2
3100 Celle

VERBAND DER ZÜCHTER DES OLDENBURGER PFERDES
Johannisstraße 1
2900 Oldenburg

RHEIN. PFERDESTAMMBUCH e. V.
Endenicher Allee 60
5300 Bonn

WESTFÄLISCHES PFERDESTAMMBUCH e. V.
Engelstraße 52
4400 Münster

VERBAND DER ZÜCHTER DES HOLSTEINER PFERDES MIT REIT- UND FAHRSCHULE ELMSHORN e. V.
Klostersande 93/95
2200 Elmshorn

HESSISCHES PFERDESTAMMBUCH e. V.
Kölnische Straße 48/50
3500 Kassel

VERBAND WÜRTT. PFERDEZÜCHTER e. B.
Sophienstraße 21 B
7000 Stuttgart-S.

WÜRTTEMB. HAUPT- UND LANDGESTÜT
7421 Marbach a. d. Lauter

PFERDEZUCHTVERBAND RHEINLAND-NASSAU
Bahnhofplatz 9
5400 Koblenz

LANDESVERBAND DER PFERDEZÜCHTER
PFALZ-SAAR e. V.
Fischerstraße 11
6750 Kaiserslautern

LANDESVERBAND BAYERISCHER PFERDEZÜCHTER e. V.
Haydenstraße 11
8000 München 15

LANDGESTÜT LANDSHUT
Gestütstraße 5 a
8300 Landshut

GESELLSCHAFT DER ZÜCHTER UND FREUNDE DES
ARABISCHEN PFERDES e. V.
4780 Mentzelsfelde bei Lippstadt

ARABER-STUTBUCH DEUTSCHLAND e. V.
Vahrenwalder Straße 205
3000 Hannover

LANDESVERBAND DER PONY- UND KLEINPFERDEZÜCHTER
SCHLESWIG-HOLSTEIN/HAMBURG e. V.
Steenbeker Weg 151
2300 Kiel

PROVINZIAL-VERBAND WESTFÄLISCHER REIT- UND
FAHRVEREINE e. V. UND KOMMISSION FÜR PFERDE-
PRÜFUNGEN IN WESTFALEN
Engelstraße 52
4400 Münster i. W.

STICHWORTFÜHRER DER KRANKHEITSSYMPTOME

Zum schnellen Nachschlagen der verschiedenen Krankheitssymptome junger Pferde.

Symptom	Ursache oder Krankheit	Seite
erhöhte Temperatur	Durchfall	32
	Grippe	38
	Fohlenlähme	38
	Hirnhautentzündung	40
	Lungenentzündung	41
	Salmonellen	49
	Blutvergiftung	50
	Druse	44
	Sumpffieber	34
schnelle Atmung/Atemnot	hämolytische Fohlen	36
	Grippe	38
	Fohlenlähme	38
	Hirnhautentzündung	40
	Lungenentzündung	41
	Blasenriß	41
	Salmonellen	49
	Blutvergiftung	50
	Druse	44
	Gliederschwäche	46
	Deformationen	46
	Fohlenlähme	38
Abnorme Lage	Darmpechverhaltung	39
	Blasenriß	41

Symptom	Ursache oder Krankheit	Seite
Pressen	Darmpechverhaltung	39
	Blasenriß	41
Zittern	Lungenentzündung	41
Kolik	Darmpechverhaltung	39
	Blasenriß	41
	Salmonellen	49
	Würmer	43
tränende Augen	Entropium	33
Urin aus dem Nabel	Urachusfistel	40
Blähbauch	Blasenriß	41
Schwellungen im Nabelbereich	Nabelinfektion	37
	Bruch	37
Lahmgehen	Fohlenlähme	38
	dicke Gelenke	47
	Tetanus	44
Nahrungsverweigerung	Bellen der Fohlen	31
	hämolytische Fohlen	36
	Fohlenlähme	38
	Darmpechverhaltung	39
	Hirnhautentzündung	40
	Lungenentzündung	41
	Blasenriß	41
	Salmonellen	49
	Blutvergiftung	50
	Schlafkrankheit	36
	Druse	44
Durchfall, Ruhr	Durchfall (allgem.)	32
	Salmonellen	49
	Blutvergiftung	50
	Würmer	43

Symptom	Ursache oder Krankheit	Seite
Erblindung	Hirnhautentzündung	40
Zuckungen	Hirnhautentzündung	40
Abnorme Ruhelosigkeit Gähnen	hämolytische Fohlen	36
Teilnahmslosigkeit/ Schläfrigkeit	hämolytische Fohlen	36
	Schlafkrankheit	36
Anämie/Gelbsucht	hämolytische Fohlen	35
	Sumpffieber	34
Gleichgewichtsstörungen	hämolytische Fohlen	36
	Hirnhautentzündung	40
aufgetriebene Gelenke	Fohlenlähme	38
	dicke Gelenke	47
Schwellungen im Bereich des Unterkiefers	Luftsackentzündung	34
	Herpesvieren, Infektion der Atemwege	43
	Schnoddernasen	43
	Druse	44
Nasenausfluß	Herpesvieren, Infektion der Atemwege	43
	Grippe	38
	Lungenentzündung	41
	Schnoddernasen	43
Husten	Druse	44
	Grippe	38
	Schnoddernasen	43

DER HENGST DIE STUTE

Ein Handbuch aus der Praxis für Hengsthalter und Züchter

A. C. Leighton Hardman · Bearbeitet von Dr. Frh. v. Lepel

Ein Buch aus der harten, ehrlichen Praxis im Umgang mit Pferden. Wer nicht aufhören will zu lernen, findet hier ein Handbuch reinsten Wassers.

160 Seiten * 24,-- DM